本当はこんなに幸せだった

原 真市

Hara Shin-ichi

幻冬舎 MC

本当はこんなに幸せだった

はじめに

私は市役所で38年間勤めたあと、老人ホームで5年間働き、2017年3月、43年間のサラリーマン生活にピリオドを打ちました。

人生初めての年金生活が始まって自由な時間が増えた私は、それまでに書き溜めてきたいろいろなノートを読み返すことにしました。それはどんなノートかというと、おもに『読書ノート』です。ほかにも『感動ノート』や『思索ノート』、『心に花が咲くノート』というのもあります。

それらを読み返していると、とても幸せな気持ちになりました。つくづく、ノートに記録しておいて良かったと思いました。それは、自分が書いた言葉の中に、魂に染みるような「考え方」があったからです。

その「考え方」に触れると、私の心は見事に元気を取り戻しました。ということは、私にとって「考え方」こそ、〝元気の素〟だったのです。「考え方」は、「見方」「とらえ方」「解釈」「価値観」と言い換えることもできます。

そして、人間は元気が出ると、人生を悲観的ではなく、楽観的に見ることができるようになります。すると、人生もそのように展開していきます。物事をどう見るかという「見方」が現実をつくっていくからです。

中村天風氏は、その著書『運命を拓く』の中で、「元気」とは「気の元」すなわち霊魂であり、元気という気が出たときに、人間と宇宙霊が完全に結びついたことになる、と書いておられます。

元気を出せば宇宙の力とつながることができるのであれば、どうすれば元気が出るのか、ぜひその方法を追究してみたい。この本は、そういう思いで書き始めました。そして、元気が出る方法を四つの章に分けて説明しています。

それらは「生命《いのち》の根源への意識」であり、「とらえ方」であり、「自己肯定」であり、「すでに持っている宝物への気づき」です。これらは目で見て確かめることはできませんが、確実に存在し、心で感じ取ることができます。

この本に書いたことがきっかけになって、読者のみなさんが自分の中に新しい世界を発見し、ますます元気になっていただけるなら、著者として最高の喜びです。

２０１９年　６月　自宅にて

目次

3　人生の向こうに見えるもの

第2章 「どうとらえるか」が幸せを決める

第3章　自己肯定が幸せの入り口

第1章　見えない世界が見える世界を決める

1　生かされている私たち

何と不思議な生命《いのち》

『かみさまは小学5年生』という本の119ページに、「あなたの一番の幸せってなに?」という文章があります。それを読んで私は、そのページの余白に「生命《いのち》」と書き込みました。今年（2019年）5月のことです。

私たちは息をしなければ生きていけません。ずいぶん昔の話ですが、私の身内にこんなことがありました。いとこ（男）が中学生だったところ、坊主頭に大きなバンソウコウを貼っていたので、野球部の練習でケガでもしたのかと彼の母親に聞いたところ、意外な答えが返ってきました。

彼は学校の帰りに、次の電柱まで息を止めて歩くと決めたそうです。ところが、その電柱に着くまでに息が苦しくなりました。苦しければ息をすればいいのですが、意志が固い彼は、我慢して歩き続けました。その結果、意識を失って倒れてしまい、頭にケガをしたのだそうです。

私たちは常に、酸素が含まれた新鮮な空気を肺に取り込み、心臓から送り出される血液によって酸素を全身に送り届けます。心臓から送り出される血液のスピードは初期の新幹線並みの速さで、全身に張り巡らされている血管の総延長は、地球を2周半も回れる長さだといいます。

心臓や血管に限らず、私たちの体は、実にさまざまな器官が見事なまでに精巧につくられています。こういった装置は、いったい誰がつくってくれたのでしょうか。

さらに、私たちに欠かすことのできない空気にしても、空気中の酸素濃度は何億年も前から一定に保たれています。空気中の酸素は多ければいいというものではありません。多すぎると火事が起こりやすくなります。少なければもちろん、生きていけません。いったい誰が、この酸素濃度を調整しているのでしょうか。

地球の回転にしてもそうです。地球が地軸を傾けて公転してくれているおかげで、私たちは四季を味わうことができます。自転してくれているおかげで、必ず昼と夜を経験することができます。もし地球が回転を止めてしまったら、夏は永遠に夏となり、昼は永遠に昼となり、地球上に灼熱地獄が出現します。いったい誰が、地球を回転させているのでしょうか。

人間の力を超えたものがある

このように考えてみたとき、私はそこに人間の力を超えたものの存在を感じるのです。それを私は「神」または「宇宙」と呼んでいます。私たち人間は、目には見えないけれど確実に存在するものによって、生かされているのではないでしょうか。

今、2人に1人がガンになり、3人に1人がガンで死ぬと言われています。このことについてある医師が、「ガン細胞は1日に5000回発生するけれど、それらは自分の免疫力で殺しているからガンにならない。ところが年を取って免疫力が低下すると、ガン細胞に対してそれまで5000勝0敗だったものが、どこかで取りこぼしが出てしまう。だからガンになってしまうのだ」という意味の説明をしているのを新聞で読んだこともあります。

この免疫力に対しても神の力を感じます。昔から名医は、「医者が治すのではない。神が治し給うのだ」と言っています。考えれば考えるほど、人間は自分の力で生きているのではないことを改めて思います。

同時に、自分の生命《いのち》というものは、生まれるときも死ぬときも、そして毎日生きていることも、人間の意志を超えた大きな力に配慮されているのだと思うと、自分の中に何とも言えない「深く落ち着いた心」が現れてきます。

それを私は、「宇宙のコンセントにプラグを差し込んでいる状態」だとイメージしています。生命《いのち》の源流に意識を向けると、目に見えない「私たちを生かしてくれている力」とつながるから、自分の中に安心感が生まれるのではないかと思うのです。

宇宙からは、私たちが心身ともに元気に生きられるような力がいつも注がれています。その力と私たちが発する意識の波動と、波長が合いさえすれば、どんどんその力を取り入れて、私たちは元気になっていくのではないでしょうか。

電波は目には見えませんが、確かに存在するから、携帯電話で話ができます。私たちが発する意識の波動も、目には見えませんが確実に存在します。ですから私は、NHKにチャンネルを合わせればNHKの画面が映るように、自分が波長を合わせさえすれば、「幸せ」という画面を映し出すことができると考えています。

でも実際の生活では、私たちは落ち込んだり怒ったり、プラグが宇宙のコンセントから外れているような状態が多いのではないでしょうか。少なくとも私を含めて、自分の家族を見ているとそう思います。

今年（２０１９年）６月のある朝のことです。自宅の掃除機は毎朝、妻と部屋を分担してかけています。妻の掃除機かけを待つ間のひととき、私は体を休めようと、ベッドに横になりました。

そのときふと、手首の脈を取ってみたくなりました。そのときの私は、ひいきにしている広島東洋カープの調子が悪いので、朝から妻にカープの話をしてイライラしていたのですが、いつものように、脈は規則正しく打っていました。

ということは、私が宇宙のコンセントから外れていても、心臓は一瞬も休まずに動いてくれていいます。私は横になったまま、思わず手を合わせて拝みました。でも常に動いてくれているのは、心臓だけではありません。私の体のすべての細胞が遺伝子の指令に基づいて、より良く生きられるように、休みなく働いてくれているのです。

私たちは生まれる前も生きていた

この世で肉体をまとって生きていくとき、私たちは想像を絶するほどの恩恵を受けています。では、この世に生まれる前はどうだったのでしょうか。昨年（２０１８年）、小学2年生（当時）の孫娘が夏休みに泊まりに来たとき、次のように言いました。

「誰の所に生まれてくるか、神さまと相談して3日ぐらい考えて、今のお母さんの所に生まれてきた」と。

こういった、生まれる前の記憶は別に珍しいことではありません。また、この話が本当なのかどうか、それは誰にも証明できません。でも本当であると考えると、神妙な気持ちになります。

私には、2人の娘がいます。下の娘夫婦とは、現在、広島県の呉市内で、孫2人に私たち夫婦を合わせて6人で生活しています。3世代同居ですが、妻はいつも、同居の娘の機嫌に一喜一憂しています（2019年6月現在）。上の娘夫婦は愛媛県の松山市に住んでいて、子どもは先ほどの生前記憶の話をしていた小学生の女の子が1人です。

私は子どもが結婚してしまえば、子どものことからは解放されると思っていました。ところがまだ、経済的なことや夫婦の仲が良くないことで、妻や私は少なからず心を悩ませています。

でも先ほどの孫の話のように、娘たちも私たちのもとへ生まれてくることを望んでこの世に出てきたのだとしたら、私たち夫婦の悩みも別の角度から眺めることができるような気がします。そこに宇宙の計画というか、神のシナリオを感じ取ることができたら、娘たちのことも、受け入れていけそうな気がするのです。

それに経済的な支援の問題では、親に頼らざるを得ない状況に、本人たちも心苦しさを感じていることと思います。

嫌なことやつらいことも、自分にとって意味があると思うことができたら、気分が変わってきます。自分の成長に必要だから、そういう経験をしているのだと思えたら、元気が出てきます。「意味」と「必要」は、間違いなく〝元気の素〟です。

神のシナリオを信じる

下の娘は中学生以降、いろいろなことで親に心配をかけました。ところがそんな娘が結婚後、通勤先（福祉施設）から遠くなったために、早番のときに相当早く家を出なければいけないという理由で、一緒に住みたいと言い始めました。

それならということで、当時の家を壊して新しく家を建て替えることにしました。施工会社はあるハウスメーカーにしました。松山市に住む上の娘が、当時すでにそのメーカーで家を建てていて、住み心地がとても良かったからです。

私はそれほどでもありませんでしたが、妻は以前から広くてきれいな家に憧れていました。建て替えて６年が経過した今（２０１９年６月現在）も、住み心地は抜群です。

私から見れば、この家はホテルのスイートルームに毎日、泊まっているようなものです。

毎日、拝むような気持ちになれる家です。こんな素晴らしい家に住むことができたのは、娘たちのおかげだと思っています。

ここに至るまでの流れを振り返ると、そこに〝神のシナリオ〟を感じざるを得ません。

短所と長所は裏表

上の娘は化粧に大変時間がかかります。里帰りしてきたときは、洗面所を長時間独占されるので困っています。でも、美しいものに興味がある娘だからこそ、快適な家を私たちに紹介してくれたのだと思います。

ところで、私は30代の後半から、読み終えた本のエキスと感想を大学ノートに記録するようになりました。7年前に家を建て替えようとしたときには、その読書ノートの数が30冊程度になっていました。

仮住まい先に引っ越すに当たって、「とにかく物を捨てなければ」とパニックになっていた私は、その読書ノートを捨てようとしたことがあります。ところが妻は、「ノート30冊がどれだけスペースを取る言うんよ。私が預かったげるから捨てんさんな」と言って、私にノートを捨てさせませんでした。

当時の私は、市役所を退職して老人ホームに再就職したばかりで、慣れない福祉関係の仕事に苦手なパソコン業務が加わり、自分がそれまでに勉強したことが何の役にも立たないと、否定的な気持ちになっていた時期でもありました。

そういうこともあって「捨てよう」と思ったのですが、あのときあのまま捨てていたら、大変な宝物を失うことになって一生後悔したと思います。でも、それを妻が救ってくれたのです。

この本を書くに当たって、自分がこれまでに築き上げてきた考え方や信念を振り返ってみる必要を感じた私は、老人ホームを辞めてから、読書ノートをすべて読み返しました。ノートを捨てなかったおかげで、それができたのです。

読書ノートの読み返しは大成功でした。励まされ、勇気づけられ、たくさんの元気をもらいました。文章から滲み出る宇宙の源流のようなものに触れることができたからだと思います。

今こうして本を書いていると、それがどんなに役に立っていることか、妻にはいくら感謝してもしすぎることはありません。

ところが、そんな妻なのに、ちょっとしたことで毎日のように娘と衝突しています。私から見れば、介入しすぎるのです。娘とはいえ、もう大人です。なのに、保育所での孫に関するトラブルでも、自分が気に入るように娘が対応していないとよく怒っています。放っておけない性格なのです。

でも、そのような性格だからこそ、私に読書ノートを捨てさせなかったのだと思います。逆に、夫がすることに無関心な妻だったら、私は大変な宝物を失ってしまうところでした。私は、妻の一見短所に見える性格に救われたのです。

とはいえ、これからも「いちいちうるさい」と、妻に腹を立てることはあると思います。でも今回の気づきにより、回数は減っていくことでしょう。

弱さをさらけ出す姿勢が人を救う

その人の欠点や弱みは、単純にマイナスとして片づけられないところがあります。ある教育学者の講演会を聞きに行ったときのことです。その講師は、私が全国紙で署名論文を何回も読んだことがある高名な人物でした。

講演終了後の質問の時間に私は、「これまでの人生で失敗されたことについて教えてください」とお願いしました。すると先生は、受験に失敗して自殺を考えたこともあるなど、実に正直に自分の体験談を語られました。

この講演会は当時私が勤務していた市の教育委員会が主催したもので、講演会終了後、先生は「一番大きな失敗のことを忘れていました。先ほど質問した人に伝えておいてください。最大の失敗は子育てです」と話されたと、お送りした職員からあとで聞きました。

偉い人でもうまくいかないことがあると知ると、ほっとします。最近では、渡辺和子さんが書かれた『置かれた場所で咲きなさい』を読んで、渡辺さんが思うようにならない自分のマイナスの心情を率直に語られていることに心が楽になりました。

もっと言えば、元気が出ました。そして、この文章を書いている今、気がついたことがあります。それは、この2人の人物の体験談が私の心に残っているのは、単に「偉い人でも失敗することがある」と知ったからではないということです。

2人に共通しているのは、自分の弱さを堂々とさらけ出されていることです。それができるのは、人間の値打ちがそんなもので決まるわけがなく、弱点を含めた自分を全面的に受け入れておられるからだと思います。

偉人の失敗という事実そのものに心が動いたのではなく、その事実に対する心の姿勢に「自分に対する優しさ」を感じたからこそ、私の心に響いたのです。

〝事実に対する心の姿勢〟という点で思い出すのは、老人ホームに勤務していたときに面談したある職員のことです。彼は40代の独身で、離婚歴がありました。

世間では通常、離婚経験を表すのに、「バツイチ」とか「バツニ」とか、マイナスイメージの言葉を使います。でも彼は違ったのです。「原さん、あれはバツイチと読むんじゃなくて、エックスワンと読むんですよ」と教えてくれました。

なるほど、確かに「×1」は「X1」と読めます。「離婚したということは、いろいろ勉強したということだから、人から見たらその中身はエックス。結婚も離婚も幸せ」と言う彼の考えに、私は全面的に賛成しました。

これこそ、同じ事実から正反対の結論を引き出す考え方だと思いました。

2　見えない世界の存在

見えない世界が見える世界を決める

今私は、サラリーマン時代にはできなかったことができています。書き溜めたものの再読に限らず、じっくりと人生を振り返って、時間を気にせずに、いつでも考える時間を持てるということが何とも素晴らしいのです。

私の67年間の人生を一言で表すなら、それは「強運」です。いつのころからか私は、自分が運のいいことを意識するようになりました。「強運」の文字をアルファベットにして、メールアドレスにも使っています。

自分の運が強いか弱いか、それは目では見えません。自分は運がいいと思ったり、運が悪いと思ったり、その思いも目には見えません。

でも、その目に見えない運や思いが、目に見える世界、つまり人生を左右します。この章のタイトルどおり、見えない世界が見える世界を決めるのです。私はこの強運は、すべての人が持っているものだと考えています。

なぜなら、人間として生命《いのち》を維持できていること自体が、すでに運がいいことだからです。そして、運がいいかどうかは、さまざまな出来事を運がいいと思えるかどうかにかかっていると思うからです。言い換えれば、同じ出来事をどう見るかによって、運がいいかどうかが決まってくるのだと思います。ではこれから、私の強運体験を三つ紹介します。

私の心を離れない出来事

エピソード①

私は1952年1月1日、山口県徳山市（今は合併して周南市）の沖合に浮かぶ大津島で生まれました。大津島は第2次世界大戦中、人間魚雷「回天」の訓練基地があった島です。産気づいた母は島の助産師を呼びましたが間に合わず、私を産み落としたらコトンと音がして、助産師が到着するまで気を失っていました。

家の中とはいえ、真冬にそんな状態で生まれた私は、生まれてすぐに風邪をひきました。父親は私が2歳のときまではかわいがってくれましたが、それ以後はうつ状態となり、ひとりっ子である私を虐待しはじめました。

ただ私には、その記憶はまったくありません。これからお話しする内容は、あくまでも私が母から聞いた話です。

あるとき、私を父に預けて外出した母が家に帰ってみると、私は布団をかぶった状態で寝かされていました。大変な状況に気づいた母は、急いで布団をめくったところ、幸いにも私はスヤスヤと眠っていました。

当時は布団の中に練炭を入れてこたつ（あんか）のようにしており、布団をかぶせると一酸化炭素中毒を起こしてしまうことは常識でした。でも父は、それを放置していました。

こんなこともありました。小さい子が「お父ちゃん」と言って飛びついていくことはよくあります。うどんを食べようとしていた父に飛びついていった私に、父は怒って熱いうどんを私の頭にかけました。飛びついたときに、私の体が父の急所に当たって痛かったからです。

このままでは私が殺されると、母が私をおんぶして必死で父から逃げたこともあります。逃げる途中で野ツボ（肥だめ）にはまったり、あとから振り返るとどうやって登ったのかと思えるような高い塀を乗り越えたこともありました。

父があまりに私を虐待するので、ある冬の夜、母は私を連れて海に飛び込もうと、私をおんぶして港の岸壁から海を眺めていたこともありました。そのとき、近所の人から「こんな所で何をしよるん？　早う帰らんと子どもが風邪ひくよ」と声をかけられ、思いとどまったこともありました。

この話は今知ったわけではなく、私が若いころから折に触れて何回か、母から聞かされてきたものです。そのときは「そういうことがあったんだな」という程度でした。でも今は、こうして私が生きていられるのは、母が私を救ってくれたからだと思えるようになりました。

その後父は、母の妹と一緒に睡眠薬を飲んで、長崎県の雲仙で心中します。母が私の弟を出産するために里帰りしていたとき、父の身のまわりの世話をしてもらうために母自身が自分の妹に頼んで父の所へ行ってもらったことから、２人が仲良くなったのでした。

２人が死を選んだのは、当時はすでに治る薬があったのに、叔母が結核にかかったことを、死に至る病だと絶望してのことでした。母はこのとき妊娠７か月でしたが、親戚の勧めもあり、私の弟はこの世に生まれてくることはなくなってしまいました。

強制的に引き出された弟は、あんたよりもはるかに男前だったよと、母からよく聞かされたものです。

その後母は、私を連れて再婚します。今は亡き養父は、私を虐待するどころか、とてもかわいがってくれました。そのことについて母から、「あんたはこのお父ちゃんじゃからえかったんよ。前のお父ちゃんじゃったら、あんたは血の気が多いから、ぐれて刑務所に行っとるよ」と何度も聞かされたものです。

以上のように自分の過去のつらい部分を話してくれた母ですが、感心することがあります。それは、父の悪口を一切言わなかったことです。

気の短い父と結婚したことについては、「顔で判断したらダメじゃわ」「追いかけ回されて一緒になったようなのは、ええ具合にいかん」と言います。叔母と父が心中したことについては、「私が世話を頼んだからいけんかったんよ」と、いずれも自分に原因を求める言い方をしていました。

エピソード②

小学5年生のころ、初めて自転車に乗れるようになったときの話です。ある日曜日の午後、私は、友達が貸してくれた自転車を使って近所の広場で練習していました。何度か転倒を繰り返したあと、何とかその自転車に乗れるようになりました。次は普通の道を走ってみようと、広場から外の道路に自転車をこぎ始めた直後のことです。大変なことが起こりました。

その広場は地域の高台にあって、外の道路は下の集落につながる下り坂になっていました。なのに、その自転車はブレーキが利かなかったのです。友達から自転車を借りるときにブレーキのことは聞いていたし、広場で練習していたときも、それは感じていました。

でも、そういう自転車に乗って下り坂を走ったらどうなるか、というイメージができていなかったのです。自転車はスピードを増しながら下り始めました。カーブに差しかかったときの絶望的な感覚は、今でも忘れることができません。

カーブには、コンクリートの低い壁がありました。今で言うガードレールの代わりです。その日初めて自転車に乗れるようになったばかりの私に、カーブを曲がり切れる技術があるはずがありません。

自転車の前輪のタイヤが低い壁に激突した瞬間、私の体は宙に舞い上がりました。すると次の瞬間、私は壁の奥に広がっていた草むらに忍者のように舞い降りたのです。まったくの無傷でした。

壁に正面からぶつかったために、前輪がクッションの役割を果たしてくれたのです。まだ小学生だったため、体が軽かったことも幸いしたのでしょう。自転車の方は、ハンドルが曲がっていましたが、小学生の力で元に戻すことができました。

エピソード③

市役所で働き始めて5年目のころのことです。職場の上司（当時40代の係長）から「Tさんはきれいじゃのう」と何度も聞かされていました。Tさんとは、ほかの職場の女性職員（当時40代と思われる既婚者）のことです。

そのときの係長の言い方は、ただ「きれい」と言うのではなく、その表情が、心の底から感嘆しているように見えました。そんなある日、Tさんらしき人が通りかかったというので、一目《ひとめ》見ようと、私は急いで席を立って廊下に出ました。

彼女はちょうど私が勤務している4階から3階への階段を下りているところでした。そのときに私の位置から見えるのは後《うし》ろ姿ですが、3階へ下りたら建物の構造上、私が見ている方向に歩いてくるので、顔が見えるはずです。

ところが、その瞬間を見逃すまいと無意識に前に進んだ私は、次の瞬間、階段を踏み外して、4階から3階まで頭からころげ落ちてしまいました。仰向けに頭から転倒してしまった私は、倒れる瞬間、両手を後頭部で組んで自分の背中をソリにし、ガタンガタンと1段ずつ滑っていきました。

そして、3階まで落ちて起き上がったとき、何のケガもしていませんでした。ただ、落ちたところを秘書課の女子職員に見られ、恥ずかしかったのを覚えています。Tさんは通り過ぎたあとだったので、このことには気がついていないと思います。

この話も、そのときよりも今になって、「運が良かったなあ」としみじみ思います。踏み外した瞬間に体が1回転して仰向けになったこと、頭を保護しようとする意識が瞬時に働いて後頭部で両手を組んだこと、普段から体が硬いのにケガがなかったこと。これらは今思い出しても、本当に不思議です。

以上、三つのエピソードを紹介しました。誰にも必ず、強運の思い出があるはずです。この本を書かなければ、まだ記憶が残っているうちに、このような形にまとめることはできませんでした。こういう時間を持てたことは、本当に幸せだと思います。

シワが増えたとか、髪の毛が減ったとか、年を取ったら当たり前のことに注目していても元気は出ません。でも、今のように自分の強運体験を振り返ると、いい気分になります。自分がいかに運が良かったかに意識を向けることは、植物が根っこから養分を吸い上げるようなものだからでしょうか。

「自分は運がいい」と思えることは、宇宙のコンセントにプラグを差し込むことになるのだと思います。だから元気が出るのです。

自分の成長を信じる

宇宙は膨張し続けています。人間も成長し続けます。とは言っても、それは体のことではなく、心のことです。私自身を振り返ると、幼少時に虐待されたことが影響したのか、大学を卒業するまでは、極度の対人恐怖症でした。

具体的には、人前での赤面、声の震え、引っ込み思案。根底に、自己肯定感の低さが横たわっていました。自分に自信がないから常に不安でした。幼稚園のときは、折り紙ができないことで泣いていました。

何をしても飲み込みが悪く、不安がそれに拍車をかけました。小学校のとき、地域の合奏発表会で木琴を担当したことがあります。相当練習して練習ではうまくできたのに、いざ本番では、曲の最初から最後までバチを動かすことができずに固まったまま、合奏が終わりました。

そんな私が今では、人前で赤くなろうが、声が震えようが、そんなことはどうでもいいと思えるようになりました。年を取ることによる経験の積み重ねということもありますが、決定的な要因は、30代から本格化した読書生活にあります。

本の中には、いろいろな人の人生やものの考え方、とらえ方が書かれています。自分以外の人たちの価値観と私の価値観がぶつかり合うことによって、私は新たなものの見方に導かれていきました。読書とは、その繰り返しです。

自己内面の成長は、必ず外面の成果をもたらします。目には見えない心の成長が、目に見える世界での成功となって現れてくるのです。私にとって何がうれしいかと言うと、自分の成長ほどうれしいものはありません。

こうやって過去を振り返り、自分の成長の跡をたどることは、とても重要です。自分の中にある良い部分に注目すると、元気が出ます。自分を肯定することが生命《いのち》の根源につながり、宇宙のエネルギーを取り入れることができるからだと思います。誰にも必ず、成長の足跡はあるはずです。

3　人生の向こうに見えるもの

小野田少尉を思い出す

妻も私も年金生活となった今、収入は年金しかありません。それでも2人とも公務員だったのですから、世間では恵まれている方だと思います。それなのに、妻はいつも「お金がない」と嘆いています。

年金は退職時の賃金月額ではなく、生涯賃金の平均月額のおよそ4割が支給されるように設計されているのですから、現役時代と同じようなお金の使い方をしていたのでは、足りないのが当たり前です。

そんなある日、妻は私に「喉が痛い。また風邪をひいた。娘のことやら孫のことやらお金のことを心配して、免疫力を落としたからじゃろう」と言いました。それに対して私は、次のように言いました。

「お母さん（妻のこと）は腹がくくれんのじゃね。お金がなければないように生活すりゃあええんよ。菜っ葉と大根だけ食べてでも、何としてもこの家だけは守っていきゃあええんよ」と話し、「それに、これまでの人生を振り返ったら、必ず良うなっとる。心配せんでもええ」とも付け加えました。

食べたいものが食べられない貧乏生活を想像するとき、いつも私の頭をよぎるのは、小野田少尉（以下「小野田さん」と言います）のことです。小野田さんは、終戦後も日本がまだ戦争を続けていると判断し、フィリピンのジャングルの中でたった1人になるまで30年近くも、133回のフィリピン空軍や警察軍の討伐に耐えて、戦い続けた人です。

私は小野田さんに会ったことがあります。市の教育委員会に勤務していたとき、小野田さんが呉市内の高校で講演されるということがあって、広島空港まで小野田夫妻を迎えに行くことになったのです。それがきっかけで、私は小野田さんの著書『君たち、どうする？』

を読みました。

その中に、小野田さんがジャングルでの約30年間、何を食べていたのかが書かれています。それは、燻製の肉、熟れていない青いバナナ、ヤシの実をしぼったミルク（現地では「ココナツミルク」と呼ぶ）のゴッタ煮です。それも朝一度につくるので、3食同じものを毎日です。

人生は必ず良くなる方向に向かう

私が自分の人生を振り返って、すべてが良くなる方向で動いていると信じたり、貧乏になった自分を想像するときに小野田さんのことを思い浮かべたりしたとき、それらの思いを目で見ることはできません。

しかしそれらの思いは、間違いなく私の心の中にはあります。その目に見えない自分の意識が自分を勇気づけ、元気にしてくれます。目に見えない部分が、人生という目に見える部分を決めていくのです。明るく楽しく生きられるかどうか。それらはすべて、目に見えない部分が鍵を握っています。

人生が必ず良くなっていくことを完全に信じることができるのであれば、ひいきのプロ野球チームが勝ったことがわかって録画を見るような気持ちで、人生を過ごすことができます。

ある月刊誌に、ゴルフでバンカーに球を打ち込んでしまったとき、下手な人は「どうしよう」と思うが、上手な人は「どうせ最後は自分が優勝するのだから、問題ではない」と考えるという話が載っていました。この話が気に入った私は、その話を自分の中で「バンカー理論」と呼んでいます。先ほどの、人生は勝ちゲームの録画みたいなものという話も、このバンカー理論と同じです。

私たち人間が人生についてどうのこうのと言っている間にも、地球は大きな磁石となって、太陽から吹き出されてくる有害な太陽風から人間を守ってくれています。しかも地球が磁気を帯びているために、私たちはあの美しいオーロラを見ることができるのです。

この章の初めに、私は生命《いのち》の不思議について書きました。人間が生物として生きていけるように驚くべき配慮がなされていることを思うと、私たちの人生が配慮されていないわけがないと思うのです。

ある医療機器との出会い

今年（２０１９年）で65歳になる妻は、これまでに2度の乳ガン手術を経験しました。最初の手術のあと、ホルモン剤が合わなかったからか、リウマチになり、手の痛みを和らげるために、10年以上にわたって痛み止めを飲み続けてきました。

ところが、妻に転機が訪れます。昨年（２０１８年）7月から呉市の駅ビル３階で、厚生労働省が認めたある医療機器の販売会社が、期間限定で宣伝会場を設置したのです。その医療機器は、高圧の電子を発生させる薄い座布団に１日最低15分座って自然治癒力を高め、虫歯以外は何でも良くなるというものでした。

同居の娘が知人から紹介されて、その宣伝会場に行ってみるよう勧めてくれ、私たち夫婦は10月中旬にそこを訪れました。30分程度、電子の椅子に座るだけなのですが、過敏大腸で常に腹部膨満感に悩んでいた私は、１日目から膨満感がなくなりました。

効果を確信した私は、その宣伝会場が終了する12月中旬まで約2か月、１日も休むことなく通い続けました。妻もほとんど皆勤賞でした。その結果、私の場合は軽い白内障が消え、ヒザの痛みもなくなりました。

妻の場合は、リウマチで手の指の関節が紫色にはれていたのが、きれいな指の色に戻りました。あれだけ毎日飲んでいた痛み止めも、宣伝会場に通い始めてから1回も飲んでいません。

私は以前から、はれて変色した妻の指を見るたびに、かわいそうでなりませんでした。まだリウマチ自体は通院治療を続けて薬を飲んでいますが、必ず治って薬を飲まなくてもいい日が来ると思っています。

これから私たち夫婦（妻は私より3歳下）は、ますますガン年齢に突入していきます。そんなときに、このように自然治癒力を高めてくれる機器に出会ったことは、夢のようです。2人とも人生が変わりました。

それも、私たちから見れば、あれほど親に心配をかけ、今も妻とはしょっちゅう衝突している娘が紹介してくれたのです。これを神のシナリオと呼ばずして、何と呼ぶのでしょうか。

実は、娘が紹介してくれた〝幸せを呼ぶ装置〟は、今の電子機器のほかにもう一つあります。それは、カートリッジで浄化した水道水を電気分解して、水素を多く含んだアルカリ性の水（以下「水素水」と言います）を発生させる装置で、これも厚生労働省が認可した医療機器です。そしてこれも、先ほどの娘の知人の紹介です。水素水は抽出力が優れており、この水を使うと、料理がすべておいしくなりました。

高齢化に伴って私は昨年（２０１８年）から、涙を鼻に排泄する管が詰まり、しょっちゅう左の目から涙があふれるようになりました。

行きつけの眼科の話では、涙が溜まることで目が汚れ、膿が出るようになったら手術しなければいけない。その場合は、手術ができる病院を紹介するということでした。でも、その病院は呉市内にはないので、他市の病院まで行かなければなりません。

目が炎症を起こしやすいので、眼科で消毒用の目薬をもらいました。でも、それで詰まった所が治るわけではありません。目薬を差しても、だんだんと目の不快感が取れなくなったある日、ふと、水素水で目を洗えば汚れが取れるのではないかと思いつきました。

結果は、水素水を使い始めてしばらくは調子が良かったのですが、その後、効果を感じられないようになりました。そこで今度は、水素水をつくる過程で同時に発生する酸性水を使ってみると、調子を取り戻すことができました。

おかげで眼科に行かずに済んでいます。まだ完治はしていませんが、私の目もまた妻のリウマチと同じように、治っていくと思っています。

娘は妻のリウマチだけでなく、私の腸や目でも助けてくれました。このように健康面だけで見ても、私たち夫婦の人生は、良くなる方向に動いています。

私たちは死んだあとも生きている

とはいえ、二つの機器を手に入れたおかげで、衰えるスピードをゆるやかにすることはできても、私たちの体が死に向かって着実に衰えていくことに変わりはありません。それでも人生が良い方向に向かうと言えるのかという問いに対して私は、次のように答えたいと思います。

確かに肉体は衰えていきますが、精神は死ぬまで成長していきます。精神とは、ものの見方・考え方です。そしてさらに重要なことは、肉体は死んでも魂は不滅だということです。不滅どころか、何度も何度も生まれ変わって、人生を繰り返すたびに魂は向上していきます。

なぜそう言えるのか。私の考えはこうです。私たちの生命《いのち》は、人間の力を超えた偉大なものによってコントロールされています。生まれることも死ぬことも、私たちの意志でどうすることもできません。

私たちはなぜ生まれてきたのか。そして、なぜ生かされ続けているのか。意味がないのに生まれ、生かされ続けるなんて、私には考えられません。

私たちが今こうして生きていることには意味があるわけですから、単に目に見える世界で肉体がなくなったからといって、魂までなくなってしまうとは到底考えられないのです。

実父に代わって私を育ててくれた養父は、今から30年前の春、ALS（当時の主治医の説明では、全身の運動神経が侵されて、最後はマブタしか動かなくなる難病）で他界しました。

その父がまだ自宅で療養していたとき、夜中の2時ごろになると毎晩、父が寝ている部屋にある仏壇にガイコツが入っていくと言っていました。それを聞いた私は半信半疑でしたが、その後、父の話を信じざるを得ないようなことが起こりました。

山口県にある父の祖父母の墓が、町が実施する区画整理で移転しなければならなくなったときのことです。この祖父母の墓は、事情があって先祖代々が埋葬されている場所ではなく、この2人だけ、別の場所に埋葬されていたのでした。

町から受け取った骨を先祖代々の墓に納骨するときは、父に代わって私が立ち会いました。山口県から帰宅後、数日して父にまだガイコツが出るかどうか聞いてみると、納骨が済んだその日から、出なくなったそうです。

母は、父が亡くなってから墓参りしたときに、「お父さんが墓の前に立っとるよ」とか、「字

（「原家之墓」という墓石に彫られた文字のこと）が金色に輝いとる。お父さんが喜んどるんじゃろう」と言うくらい、霊感の強い人でした。

でも父には、そういうことはありませんでした。ガイコツの話は、そんな父が語った唯一の心霊体験です。

死後の世界については、たくさんの本が出ています。私もまだ若いころ、丹波哲郎氏の死後の世界に関する本を数冊読んだことがあります。

死んだらそれで終わりではなく、自分という意識はなくなることなく存在し続けるのだと思うと、死ぬことが怖くなくなります。死がこのように思えてくると、親しい人の死さえも、悲しみだけで受け止めるのではなく、むしろ次の世界への旅立ちとさえ思えてくるのです。

人を魂として見る

私は、人間がこの世に生まれてきたのは魂を向上させるためであり、それぞれの人間関係は、お互いにとって修行の場という側面もあると考えています。このように考えると、夫婦や親子の関係で腹が立つことがあっても、これまでとは違った見方ができるのではないでしょうか。

相手も自分もお互いにまだ未熟だから、宿題を持ってこの世に生まれてくるのです。とはいえ、こういう私が毎日１００パーセント、自分も相手も許し、おおらかな生活を送っているかと言うと、決してそうではありません。

私は今、小学1年生（男）と4歳（女）の孫と同居しています。かわいがってはいますが、今のは怒りすぎたかなと、あとで嫌な気持ちになることもあります。でも、そういう場合でも、「本当の自分（魂）」と「今の自分（心）」とのズレが嫌な気持ちの原因であると考えることによって、怒った自分を肯定するにせよ反省するにせよ、嫌な気持ちから早く回復できているように思います。

妻はよく、娘たちが自分の思いどおりにならないときに、自分の育て方が悪かったのではないかと言います。そういうとき私は、親子でも魂は別人格だ。松の間に杉を植えても、松にはならないと言い返します。

そして今朝（２０１9年6月）は、「反面教師というのがある。今読んでいる自伝小説に、『小さいときから両親が言い争うのを見てきたから、自分は決して人を見下したり、人の人格を否定するような人間にはなりたくない』と書いてある。だから、たとえ親の育て方が悪かったとしても、子どもがそうならないこともある」と言いました。

この反面教師というのは当たっています。先ほど紹介した私の育ての父は、私を本当にかわいがってくれました。でもいかんせん、酒を飲んだらクダをまくのが本当にうるさくて、私は小さいときから、酒に飲まれる人間にだけは絶対になるまいと心に決めました。

ところで、人を魂で見るようになって、相手が老人であろうと若者であろうと、あるいは幼児であろうと、私は、外面の老若や美醜に重きを置かないようになりました。そうすると、自分の外面的な老いも気にならなくなりました。

人間の本質はそんな所にあるのではなく、永遠に成長していく魂にあるのではないか。そして魂は、決して目で見ることはできず、心で感じ取るしかない。そう思うようになったのです。

年少の孫（女児）を見ていると、時折、大人のようなことを言います。先日も秋祭りが終わったので「もう笛の音も、太鼓の音も聞こえんよ」と話しかけると、「その話はもういい」と言いました。孫娘はヤブ（呉市の秋祭り特有の鬼で、鬼の面をつけ、黄木綿を巻いた竹の棒を持って暴れ回る）が怖かったのです。

「子どもは時に大人になる」と思うのは、小学1年生の孫（男児）も同じです。彼は、学校から帰るとすぐに「iPad」を開いてレゴの動画を見ようとします。先に宿題をやるように言っても聞きません。孫は母親が怖いので、「お母さんに言うよ」と言うと、「大人はバカじゃけえ、すぐ忘れるよ」と言うので、私は大笑いしました。

どんなに社会的な地位がある大人物であろうと、生まれたばかりの赤ん坊であろうと、人を魂という視点から見るなら、人はみな、発展途上です。恐れる必要も、あなどる必要もありません。

自分のような老人を見ても、以前のように肉体の衰えに目を奪われることはなく、また、若くて元気な人を見ても、うらやましいと思うこともありません。本質ではない枝葉に心を煩わされずに済むようになったのは、うれしいことです。「見方」は「味方」だと思います。

この世は「出先」で、あの世が「本社」

平成10年代、「平成の大合併」で呉市は近隣の8町と合併しました。そのため、合併するまで町長であった人とも話をする機会がありました。

そんな中、ある元町長の奥さんの訃報を耳にしました。その元町長は長い間、熱心に奥さんを看病されたと聞いていましたので、私は「寂しくなられましたね」と声をかけました。

すると元町長は、「原さん、女房は帰っていった思うとるんですよ」と言われました。想定外の言葉でした。あれから10年以上たった今も、私はその言葉をかみしめています。

私たちは本当は、この世にいるときは出先に身を置いているのであって、あの世の方が本社なのかもしれません。あるいは自分の魂は、この世に存在しているだけではなく、同時にあの世にも存在しているのではないでしょうか。

そうなると、肉体が死んでからあの世とつながるのではなく、肉体が生きている今も、あの世とつながっていると考えることもできます。だからこそ宇宙を動かしている無限のエネルギーが、私たちの中に入ってくるのではないでしょうか。

私たちの過去とは、今生での人生のことだけを言うのではなく、過去生での人生を含めたすべてを指しているのではないか。何度も何度も人生を重ね、魂を成長させてきたその集積が今の自分なのではないか。私はそう考えています。

生命《いのち》の根源に意識を向ける

宇宙を動かしている力と同じものが、私たちを生かしています。私は、自分が宇宙の無限の生命《いのち》と一つであることを心に刻み、自分の心を開いて、生命《いのち》の根源から流れてくるエネルギーを受け入れようと思います。

そしていつの日か、「帰っておいで」と神さまが言われるのであれば、この世での人生はそれまでのことです。宇宙の配慮（神のシナリオ）に任せるしかありません。

今この原稿を書いているさなか（２０１９年7月2日）、インターネットのニュースでは、アメリカ大リーグの投手（チームのエース級で27歳）の死亡が報じられています。私の２人の父の死を思い起こしても、人がこの世に生まれてこの世を去るまでの意味は、人間にはなかなか理解することができないものかもしれません。

でも、「わからない」から「ない」ということにはならないと思うのです。意味は必ずあると思います。

私は54歳のときに『吉田松陰 留魂録』という本を読みました。この本は、幕府に捕えられて打ち首となり、30歳の若さでこの世を去らねばならなかった吉田松陰が処刑直前に書いた遺書を、全訳注したものです。その中に、次のような趣旨の文章があります。

◇　◇　◇　◇

私が死を目前にして平安な心境でいるのは、春夏秋冬の四季の循環ということを考えたからである。収穫期を迎えて、その年の労働が終わったのを悲しむ者がいるということを聞いたことがない。
私は30歳（かぞえ）で生を終わろうとしている。私自身について考えれば、やはり花咲き、実りを迎えたときなのである。10歳にして死ぬ者には10歳の、30歳にして死ぬ者には30歳の四季がある。

◇　◇　◇　◇

「自分は何のために生まれてきたのか」というような大きなテーマを自分に投げかけると、日常の些細な悩みが小さく見えてきます。そして私の心は、より穏やかになっていきます。それはおそらく、生命《いのち》の根源に意識を向けることによって、宇宙から流れてくるエネルギーを受け入れることができるからだと思います。だから根源的な問いには、自分を癒す力があるのです。

私の年齢になると、終活という言葉が現実味を帯びてきます。残された家族が困らないように、自分の持ち物の整理・処分はもちろんですが、その前に、どうしてもこの世で済ませておきたいことを最優先にやっていこうと思っています。私の場合はそれが、この本を完成させることなのです。

老人ホームを辞める前、理事長からもう1～2年どうかと言われました。そのときに断った決定的な理由が、「ライフワークに取りかかりたい」でした。仕事を辞めて収入の道を断たなければ、私にとって人生の〝刈り取り〟はできなかったのです。

今私は間違いなく、これまで経験したことのない世界に身を置いています。学業からも職業からも解放され、自分が本当にやりたいことに、かなりの時間を充てることができるようになりました。この本は、そんな幸せの中で書き進めています。

読書ノートから①

これから各章の終わりに、読書ノートから抜粋して1冊ずつ紹介します。その内容は、ほとんどが本のエキスです。中には、感想もあります。原書を読んで、私が翻訳したものもあります。

なおエキスは、必ずしも一字一句すべてを正確に書き写したものではなく、趣旨を変えない範囲で、自分が理解しやすい表現に直している場合があります。

◇　◇　◇　◇

① 安らぎは自分の中にしか見つからないのに、外で探している。平安は外の世界ではなく、自分の魂の中にある。

② 自分と神は一つである。神と一つになるとは、平安であるということだ。「無限の生命」と一つであることに気づき、沸き立つような喜びにあふれる人生を送るということだ。

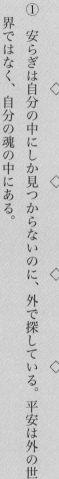

③「無限の生命」に向かって自分を開けば、物事の核心を見るパワーが備わる。そこに残っている病も、たちまち取り除かれる。

④自分が「無限の生命」と一つであると気づいた人は、「同じものを引き寄せる法則」によって、あらゆる場所から、同じく強力な考えを抱いている人たちの助けを呼び寄せる。

⑤正しい認識に達している人の魂は、死と呼ぶ変化によって友人を失っても、悲しみはしないだろう。死などというものはなく、いつまでも「永遠の命」の一部であることを知っているからだ。物質的な身体から抜け出たからといって、真の魂の生命には何の影響もないとわかっているからだ。

⑥目に見える物質的な世界の物事の原因は、見えないスピリチュアルな思考の世界にある。スピリチュアルな世界が原因で、物質的な世界は結果なのだ。

⑦見えない思考の世界での生き方が、見える物質的な世界に現実化する。物質の世界を変えたければ、思考の世界を変えなければいけない。

⑧　神をかたどってつくられた自分を信じるべきだ。今は何が起ころうとも、どんなに暗い状況に見えようとも、太陽や宇宙の無限のシステムを動かす至高のパワーが私たちを動かしているという事実を知っていれば、世界がうまく動いているのと同じように、すべてがうまくいくと信じられるはずだ。

⑨　神を信頼している者を、神は平安のうちに守られる。まず、神の王国を求めよ。そうすれば、あとのことは自然にやってくる。

⑩　神の王国を見つけるとは、私たちの生命（人生）には、聖なる生命が源として宿っており、それこそが本質だと認識することだ。

（『人生の扉をひらく「万能の鍵」』）

第2章　「どうとらえるか」が幸せを決める

1　開けてくる穏やかな世界

ガードパイプに接触して車の修理代6万5000円

老人ホームに車で通勤していたときのことです。ある冬の朝、国道に出るいつもの信号の手前で車が大渋滞していました。それで私は、渋滞を迂回するために信号機の手前で左折して、田んぼの中を走る農道を通ることにしました。

ですがその農道は、車1台がやっと通れるだけの幅員です。そのため、これまでにもその農道に入るときは、対向車が来ないことを確認して、ガードパイプに接触しないように大きく左に回るように気をつけていました。

ところが、この日は濃霧のために対向車の確認ができませんでした。そういう状況でイチかバチか、農道に入っていったのです。

次の瞬間、車の左後方で大きな音がしました。農道に設置してあるガードパイプに接触したのです。霧が濃くて対向車が見えないことに気を取られていたために、ガードパイプに注意することを完全に忘れてしまい、普通の回り方をしてしまったのです。

出勤した私は、気心の知れた男性職員に、濃霧のために車をぶつけたことを報告しました。するとその職員は笑いながら、「霧のせいにしちゃあいけんでしょう。それは運転が下手なんですよ」と言いました。

なるほど、彼の言うとおりです。後日わかった車の修理代は6万5000円でした。そのときは、このお金でどれだけおいしいものが食べられるだろうかと悔しがりました。でもそのあと、考え直しました。

狭い農道は、農家のためにつくられた道路です。私が車をぶつけたのは運転が未熟であるとか、そういう次元の問題ではなくて、そもそも自分の都合で他人の生活圏に侵入すること自体が間違っていたのではないか。そのことに気づくために、こういうことが起こったのではないか。そのように考えたのです。

車の修理に関しては、次のような話を聞いたことがあります。

市役所のある男性職員が、町で酒を飲んで代行運転で家に帰りました。家の前まで帰ったとき代行会社の人が、車庫まで車を入れる場合は代行料金が500円追加になると言いました。でもその人は、慣れているから大丈夫だろうと思って、追加料金を払わずに自分で車庫入れをしました。結果は、門に車をぶつけてしまい、修理に10万円かかりました。

私が車をぶつけたことをこの失敗例と比較して、それよりはましだと自分を慰めることもできるでしょう。でも私は、おもしろくないことが起こったときは、その意味を考えることにしています。そうすると、気持ちが楽になるのです。

人生で起こることの意味をどうとらえるか

人生には、起こってほしくないことがたくさん起こります。そういうときに起こったことをどうとらえるかは、人それぞれです。私の心に強く残っている3人の人物の考え方を紹介します。

◇　◇　◇　◇

第2次世界大戦中にナチスの収容所に入れられ、九死に一生を得たフランクルは、その後アメリカに渡り、精神科医として活躍しました。『フランクルに学ぶ』という本によれば、そのフランクルのもとを、2年前に妻を失って以来、うつ状態に悩まされている高齢の開業医が診察に訪れます。

その本には、そのときの2人の会話が、次のように書かれています。

「もしもあなたの方が先に亡くなっていたら、どうなったでしょう。つまり、奥様の方が残されていたとしたら？」

「たぶん、妻は苦しんだに違いありません」

「なら、おわかりでしょう。奥様は、その苦しみを免れることができたのです。その苦しみから奥様を救ったのは、あなたなのですよ……」

◇　◇　◇　◇

18歳で全盲ろうとなった福島智・東大教授は月刊誌（『ＭＯＫＵ』２０１６年1月号）の対談で、次のように語っておられます。

「理由はわからないけれど、この苦悩には何か意味があるんだ。これは自分の将来を光らせるために必要なものなんだ、と考えることに決めたのです」

「命に意味があるなら、それに付随する苦悩にも意味があるはずだ。それが私の気持ちの中の一つの整理の仕方ですし、意味を持つということは、人が生きていくうえでとても重要なものだと思います」

◇　◇　◇　◇

長崎医科大学において、結核のX線検診に従事することですでに被爆していた永井隆・医学博士は、その後、１９４５年の原爆でも被爆し、１９５１年、２人の子を残して亡くなりました。通常、原爆で母を亡くし、その後父親までも失うということは、残された子どもにとって不幸の極みです。しかし、博士が書かれた『この子を残して』を読むと、博士はそうは考えないのです。

腹が痛いときに苦い薬はかわいそうだからと、甘いお汁粉を処方したのでは病気は治らない。同じように、わが子にとって、孤児として一生を送る方が一番いい人生になると神は見透かしておられるのだから、どうかわが子よ、孤児という杯は苦いだろうが、神さまがくださったお薬だから、その苦いお薬をいただいたことを、神さまにありがとうと言いましょうね、という意味のことを書いておられます。

◇　◇　◇　◇

罰金7000円の意味は？

この本を貫くテーマは、〝元気の素〟です。人はつらい思いをしたとき、なぜ自分がそういう境遇に置かれたのか、その意味を見出すことができれば、少しは元気になれるように思います。

先日は、こういうこともありました。時間帯によって左折が禁止されている道路に進入してしまい、通行禁止違反で罰金7000円を払いました。道路交通法違反での罰金は、40年以上の運転歴で2回目です。前回は運転を始めて間がないときのスピード違反でした。

家に帰って罰金7000円を払ったことを妻に話すと、「わぁー、7000円ほしい！」と言いました。今回の意味は、「標識をよく見よ」ということなのかなとぼんやり考えていたのですが、それではアリキタリでおもしろくありません。ところが妻の反応を聞いて、私の中で意味がはっきりしてきました。

実はこの日は、足の指の皮がはがれていたのが気になって皮膚科を受診し、それが水虫ではないとわかって気分を良くしていました。幸せ気分になった私はきれいな千円札を使いたくなり、市役所の中にある信用組合に寄って、2万円ほど新札に替えてもらっていたのです。

自分の気持ちが明るかったので、顔なじみの職員に「ときどき出没しとかんと、死んだと思われるからね。まだ生きとりますので」と、笑顔で語りかけるほどでした。その帰りに、警察官に笑顔で呼び止められたのです。

私は妻に「これあげる。新札使いたいときがあるじゃろ」と言って、新札の千円札を7枚渡しました。人にお金を渡すのは気持ちがいいものです。まして、新札なら格別です。

先ほど紹介した3人に比べれば、ずいぶんスケールの小さい話ですが、そのときは「これでおいしいものが食べられるのに」と、7000円の出費が痛かったのです。でも、妻に新札を渡せたことで、罰金の意味が自分の中で腑に落ちました。

考え違いに気づいて苦しみから解放された

人生で苦しい場面に直面したとき、自分が考え違いをしていることに気づいてそれを改めることができたら、まったく違う世界が開けてきます。

1997年3月下旬、当時45歳の私は、それまでの係長職から課長職へ人事異動の内示を受けました。内示を受けてからというもの、朝は早く目が覚め、ご飯を食べても砂をかむような状態になりました。睡眠時間は3時間弱。得体の知れない不安に悶々としていました。

今から考えると、「昇進うつ」です。4月に入ってもこんな状態が続きました。ところが4月6日（日）の夕方、私は決定的な瞬間を迎えたのです。

その年は、上の娘が高校1年生になった年でした。学校の勉強が苦手だった娘は、希望する高校に不合格となり、最終的には、娘の学力で入れた高校に進学が決まりました。

それはまだ、私が人事異動の内示を受ける前のことでしたが、私は娘に次のような話をしていたのです。

◇　◇　◇　◇

あなたは学校の勉強は苦手だけど、それは人間の能力を測る物差しの一つにすぎない。勉強ができるできないは、足が速い遅い、歌が上手下手と同じで、みんな得意なものが違うということだ。

あなたは優しい子だから、小学校のときに担任の先生から学級代表に選んでもらって、老人ホームを慰問したことがある。世間の人たちはあなたのことを学歴で差別するだろうが、自分は素晴らしいものを持っているのだから、自分の人間性に自信を持って、胸を張って生きていけ。

◇　◇　◇　◇

あの日曜日の夕方、私は、妻が中学校の担任の先生に宛てて書いた手紙を読んでいました。妻は、娘が入学する高校が決まったと、お礼の手紙を書いたのです。

文面には、私が娘に語ったことと同じ内容のことが書いてありました。その手紙を読んで、私は自分が大きな考え違いをしていたことに気がついたのです。

あのとき私が苦しんでいたのは、「課長になったからには、結果を出さなければいけない」と思い込んでいたからです。結果というのは「形」です。そして、娘が希望校に不合格になったのも「形」です。

だとすれば、仕事の結果にこだわってプレッシャーに苦しむということは、娘を差別し、守ってやれないことになると考えたのです。でも私には、そんな気持ちは毛頭ありません。仕事の結果にこだわる自分と娘の学歴にこだわらない自分と、どっちが本当の自分なのか。私は自分に問いかけました。答えは明白でした。学歴だけで人を見ないことについては、絶対の自信がありました。

だったら、仕事の成果という「形」にとらわれることはないではないかと、自分の考え違いに気がついたのです。その瞬間、胃の辺りに固まっていたものがすーと溶けていきました。

それからというものは、何回か壁にぶち当たったことはありましたが、あのときのように苦しむことはなく、無事に38年間の公務員生活を終えることができました。私は娘に救われ、私の考えに賛同して先生に手紙を書いてくれた妻にも救われたのです。そしてさらに言えば、私が学歴を重視しない人間になったのは、育ての父から受けた影響が大きいと思います。

父は頭にデキモンができたからと、小学校もろくに行っていません。満足に読み書きができず、計算もできませんでした。それでも人柄は、映画『男はつらいよ』の寅さんのような感じで、私は父の人柄をおもしろがって育ちました。そして何より、そんな父にかわいがられて育ったことが、学歴に対する私の価値観に決定的な影響を与えたのだと思います。

実っていないと頭《こうべ》を垂れることができない

私にしても妻にしても、まだまだ人間として修行の身である私たちは、それぞれいろいろなことで心を乱すことがあります。そして我が家の例に限らず、職場でも地域でも、世の中には相手の言動に気分を害する話が満ちあふれています。

でもいつだったか、「実るほど頭《こうべ》を垂れる稲穂かな」という古いことわざからヒントを得ることができました。確かに本当に優秀な人は、頭が低く謙虚です。人間性も素晴らしいのです。

このことから、私は逆を考えてみました。「人に嫌な感じを与えるような態度を取るということは、頭《こうべ》が実っていないのだ。つまり、頭の中がスッカラカンだから、人に対して感じの良い対応ができないのだ」と考えることにしたのです。

人から嫌な感じを受けたときに、そもそも相手の中に人に良い感じを与えられるものがないのだと考えると、人から何かを言われたり、されたりすることで傷つく場面が格段に減ってきます。

2　究極の癒しは自分の中にある

人の心の中はわからない

私の家のすぐ前の道路は、家庭ゴミの収集場所になっています。市の収集車が回収に来るまでの間は、各家庭から出されたゴミ袋をカラスがつついてゴミを道路に散乱させないように、ガードレールに括りつけたブルーシートをかぶせています。

出しに来たゴミをシートの中ほどに入れず、端っこに出したりすると、次にゴミを出しに来た人がシートからはみ出して置いてしまい、カラスに狙われることがよくあります。

このため週に2回のゴミ収集日には、はみ出しそうなゴミを私がシートの中央に移し替えています。こんなとき、ゴミを出しに来た男性に「おはようございます。どうぞここに入れてください」と、シートをはぐって声をかけるのですが、彼はまったく返事をしません。無言でゴミを置いて帰っていきます。

この場合、なぜ彼が返事をしないのか、私にはわかりません。わからないだけで理由はあると思いますが、私は知らなくてもいいと思っています。

なぜなら、40年近く連れ添った自分の妻の心でさえ、まだまだ知らない部分があります。人の心の中はわからないものだからです。

そして、心の語源は「コロコロ変わるから」という説もあるくらい、人の心は変わります。その出来事に対する自分の見方も変わります。この「変わる」というのは、「成長する」と言い換えることもできます。変わりゆくものを追及しても仕方がないと思うのです。

妻に対する見方が変わった

このゴミ出しの件はほんの一例ですが、日々出くわす相手の態度にいちいち目くじらを立てていたら、エネルギーがいくらあっても足りません。もったいない話です。と、一般論では、もっともらしい話をしている私なのに、娘や孫に対する妻の極度の心配性に対しては、日常的にイライラしていました。

ところが最近、ある読書がきっかけで、そんな私に変化が起こっています。

美輪明宏さんが著書『心の嵐を青空に』の中で、暴言を吐く母の介護がつらいという相談を寄せた女性に対して、「よく年をとると子どもに返るといいますが、純真無垢な子どもに返る人は、残念ながらわずかです。男も女も、わがままいっぱいの手に負えない悪ガキになる人が多いのです」「お母さんの悪口雑言は火山が噴火していると思えばいいのです」「過去のつらかった人生を、誰かにぶつけてガス抜きしたくてしょうがないのでしょう」などと回答しておられました。

これを読んで私は、妻の娘たちへの批判はこれからますますひどくなるだろう。だったら、大いに噴火してもらおうと思いました。今は、悪口を言い始めた妻が「これじゃあいけんね」と言っても、「いや、大いにやって」と返しています。

ここまで書いてきて、こういう私の変化は、第1章で書いた「自分の成長を信じる」ことと矛盾するのではないかということが気になりました。そこで、このことについて少し考えてみます。

確かに、長年にわたる妻の性格を認めることができるようになって、私の心が穏やかになっていくことは、私にとっては成長です。でも娘たちを見る妻の目がますます厳しくなるということは、そこだけ見れば成長ではなく、衰退です。

でもやはり、妻の場合も成長へのプロセスだと考えています。トイレに行きたくなったら排泄するように、感情であっても、人間は溜まったものを吐き出さなければいけません。そうすることによって初めて、次のステップへ前進することができるのではないでしょうか。むしろこれまで、私が妻の感情の〝排泄〟に抑制をかけてきたために、妻の成長を妨げていたのかもしれません。

それに、この本を書いていて改めて気がついたことですが、これまでの私は、自分自身が完ぺきな人間でないことは十分に承知していながら、妻に対しては「娘を悪く言ってほしくない」と、完ぺきを求める愚を犯していたのです。

同じ過ちを繰り返していたのでは、同じ結果が出るというよりも、事態はますます悪くなるばかりです。妻との結婚生活も、来年（２０２０年）の10月で40年を迎えます。妻を変えようとするのではなく、原因を自分に求め、私が変わっていかなければなりません。

原因を自分に求める

今私は、「原因を自分に求める」と言いました。この考え方は何も私の専売特許ではなく、古くは孟子の教えにあり、最近では日野原重明さんの著書の中でも目にしました。

40代のころ、私はよくスタンド（呉地方での呼び方。一般的にはスナックのこと）に通いました。あるとき、スタンドの女性から貸してもらったある日用品メーカーの講演会のビデオを見ると、講演者が「世界の尋常ではない金持ちの共通点を調べてみると、その中で一番多いのが、〝原因を自分に求める〟だった」と語っていました。

以来、この考え方は、さまざまな場面で私にいい影響を及ぼしてきました。「原因を自分に求める」とは、何かコトが起こったときに自分を責めるということではありません。

そうではなく、先ほどの妻とのやり取りの例で言えば、相手のせいにするわけではなく、自分のせいにするわけでもなく、今の状況を改善するために自分に何ができるか、それを実践していこうというのが、「原因を自分に求める」という考え方です。

改善の原因を自分に求めるという、極めてさわやかで建設的なものの見方です。実際にやってみるとわかりますが、自分に原因を求めると癒されます。究極の癒しは人から何かをしてもらうことではなく、自分の気づきの中にあると思います。

忘れていた宝物を思い出す

去年（２０１８年）の人間ドックで肺に影が見つかり、再検査を受けました。結果は、人間ドック直前に風邪をひいていたために、炎症の影響であろうということだったのですが、念のため、２か月後にもう一度ＣＴ検査を受けることになりました。

レントゲン撮影で肺に影が見つかった場合の肺ガンの確率についてインターネットで調べてみると、１０００人に20〜30人に影が見つかり、１０００人に０・３〜０・５人がガンということでした。

これを読んで私は、統計で１０００人に１人がガンであっても、なる人はなるし、逆に、２人に１人がガンであっても、ならない人はならないと思いました。つまり、統計数字に一喜一憂してもしようがないと思ったのです。

あとは神さまに任せるしかありません。「帰っておいで」と言われたら、帰っていくしかないのです。私が死んで年金が入らなくなったら、残された妻がかわいそうですが、生かされている身である以上、致し方ありません。

それから２か月後、再々検査の結果も異常ありませんでした。とてもうれしかったのですが、そのときに考えました。人間ドックの前も後も、自分の肺が健康であるという状態は何ら変わっていないのに、この喜びは何なのかと。

先に紹介した罰金の例でも、警察に捕まった日は皮膚科に行って水虫ではないことがわかり、ルンルン気分でした。このときも、私の足が水虫ではないという状態は、皮膚科を受診する前も後も変わってはいません。

ということは、人間は目に見える現象が何も変わらなくても、目に見えない自分の見方が変わるだけで、喜びを生み出すことができるということです。忘れていた宝物の存在に気づくことがいかに大切か、改めて思い知りました。

生かされているからこそ神に任せる

つらかったことの中には、神のシナリオに感謝し、神に任せるしかないと思ったこともありました。妻はこれまでに乳ガンの手術を2回受けています。最初の手術は46歳のとき(そのとき私は49歳)でした。

医師からガンの宣告を受けて目の前が真っ暗になった私は、書店で本を読み漁りました。その中で見つけた1冊の本の中に、乳ガンが肝臓に転移して余命宣告を受けながらも、現役の看護師として活躍し、全国で講演を行っている女性(Aさん)がおられました。しかもAさんは何と呉市在住で、私の家から車で10分程度の所に住んでおられました。

Aさんとはその日のうちに連絡が取れ、翌日には夫婦でお宅に伺うことができました。壮絶な体験をされ、なおかつ、当時大病院で実際に医療の現場に携わっておられるAさんから「今はガンの治療法が進歩し、ガンではなかなか死なないこと」「免疫力を高めるために、とにかく笑うこと」など、素晴らしい話を聞かせていただきました。私たちは、地獄から天国へ移ったような心持ちで、家路に着きました。

おかげで手術当日まで、少なくとも私は心穏やかに過ごすことができました。ところが手術当日の朝、私は主治医から呼び出され、妻のガンは「悪性度のレベルが5段階中の5なので、リンパ節に転移していてもおかしくない。その点を覚悟しておいてほしい」と言われました。

このときの私の心境は、「妻がいなくなったとしても、結婚してからの21年間幸せだったという事実は消えない。これからどうなるかは神さまにお任せしよう」というものでした。

Aさんに出会えたことが神のシナリオなら、これから起こることも神のシナリオ。私の力ではどうすることもできないのだから、神に任せようと思うと、心が楽になりました。

2週間後の細胞検査の結果は、リンパ節への転移はありませんでした。その後、妻は、手術後の治療の副作用からか、リウマチになりました。そして最初の手術から14年後、保育所を定年退職する年には、２回目の乳ガンの手術を受けることになりました。でも今は、孫の世話に加えて、習い事や趣味の世界にと、忙しい日々を過ごしています。

3　心を救う考え方

起こることすべてが最高の計画

人生には大変なことがたくさん起こります。そういうときにどういうとらえ方ができたら心が楽になれるか。それは永遠のテーマです。

１９９６年春（当時私は44歳）、妻の職場（保育所）に勤めている後輩の女性から、『男性を理解するために』という本をもらいました。私が彼女に、この章の初めにご紹介した『この子を残して』をお貸ししていたので、そのお礼でした。

彼女は牧師の娘さんで、日ごろの妻の話から彼女を尊敬していた私は、通勤バスの中で出会ったときに、永井博士に対する私の感動を伝えたのがきっかけでした。

『男性を理解するために』について書いた読書ノートの中に、その核心部分を引用すると前置きして、私は次のような文章を記録しています。

◇　◇　◇　◇

あなたは父が全能で何でもご存じであり、そのうえあなたをこよなく愛しておられることを知っていますか。この方があなたの人生に対して、最高の計画を用意しておられることを知っていますか。知っているならなぜ、心配したり、恐れたり、慌てたりするのですか。

◇　◇　◇　◇

この文章の中の〝最高の計画〟はその後、私の人生に欠かせないキーワードとなりました。私がつくって去年まで19年間家に置いていた、手製の日めくりカレンダーにも、この文章の一節を載せていて、妻からは好評でした。

あれから23年、私は折に触れ、この言葉を困難に直面した人たちに使わせてもらいました。そして今、この言葉は私の中でさらに重みを増してきたように思います。今では、人生のさまざまな「大変なこと」に限らず、日常の些細な事柄に対しても、この〝最高の計画〟が私の心を楽にしてくれています。

私が孫の世話でどんなにイライラしようと、ひいきにしているプロ野球の球団が何連敗しようと、私にとって、すべては最高の計画で物事が動いているのではないかと思えるときがあるのです。

その背景には、自分の生命《いのち》が想像を絶するほどのすごさで配慮されていること、そして、これまでの人生がどんどん良くなっていること、さらに、自分が意識を向ける方向に物事が展開していくことがわかってきたことがあります。

人生は何をしてもしなくても、常に選択の連続です。自分の魂が神とつながっており、しかも魂とは、永遠に向上していく存在であることを思うと、自分にとって不利になるような選択をするはずがありません。そしてさらに、私たちの生命《いのち》はあらゆる面で配慮されているのですから、私たちにプラスにならないようなことが起こるはずがないのです。

このように考えてみると、物事が起こるのも人と出会うのも、遅すぎず早すぎず、絶妙のタイミングでそうなっているように思います。一時的な表面の現象だけ見れば、後退しているように見えても、私たちの魂も生活も、常に進化・向上していると思います。

困難にぶつかると自分のレベルが上がる

そのときはしんどいですが、あとから振り返ると、「あの経験のおかげで成長できた」と思えるようなことは誰にもあると思います。

そのことを正月に揚げる凧《たこ》にたとえて、「凧《たこ》は逆風で揚がる」という話を読んだこともあります。私も実際にこのことを体験しました。小学校を統合する仕事をしていたとき、地元の説明会に行くと、統合反対派から猛反対されます。市議会でも、反対派の議員から頻繁に質問されます。

しかし、だからこそ、説明する側の私も一生懸命勉強しました。あるときは、てっきり自分に対する批判的な質問だと思い込んでいたものが、職員から「あれは応援だった」と言われて議事録を読み直してみると、まったくそのとおりだったことに気づいて感動したこともありました。

これらの経験から、説明会でも議会でも、確かに逆風の中で自分のレベルが上がるんだなあと実感しました。

人に言われたことで傷つく必要はない

私自身はもちろんですが、私の家族を見ても世の中を見ても、人の言動にイライラしたり、傷ついたりするのは日常茶飯事です。でも私は成長していきたいと思っています。対人関係でのイライラをゼロにすることは不可能ですが、減らしていくことはできると考えています。

何と言っても、私には「考え方」「見方」「受け止め方」「とらえ方」「解釈の仕方」という〝宝物〟があります。これらの宝物を一つにまとめると、「価値観」です。人はそれまでに築き上げてきた価値観によって腹を立てたり、傷ついたりします。怒りや悲しみという感情さえも、その前に原因となる思考（価値観）があるからです。

ある事実が発生したとき、誰もが同じように怒ったり、悲しんだりするわけではありません。それは、人によってそれまでに築き上げてきた価値観が違うからです。

ですから私は、自分の価値観をレベルアップしていきたいと思っています。もう、人から言われたことで傷つくのはやめにしたい。その人に言われたから自動的に傷つくのではなく、傷つくかどうかは自分自身が決めればいいのです。

人を批判する人間はどこにもいます。批判する人間もされる人間同様、未熟です。未熟だからこそ、こうしてこの世に生まれてきて修行しているのです。お互い未熟者同士、神さまに言われたのならともかく、決して完ぺきではない人間に言われたことをいつまでも引きずる必要がどこにあるでしょうか。

そして、ここでもう一つ注意しなければいけないのは、傷つくということは、自分の感情の落ち込みを相手のせいにしているということです。そして、相手のせいにするということは、自分の気分が相手の言動に左右されるということですから、相手にコントロールされることになります。

それでは人生はおもしろくありません。元気が出ません。自分でコントロールできないことにエネルギーを集中するのではなく、自分でコントロールできることに焦点を当てる。それが先ほど述べた価値観のレベルアップであり、自分に原因を求めるということでもあります。

もちろん、相手の批判が正しいと自分が判断するなら、素直に聞き入れればいいだけの話です。そうではなく、単なる悪口であるなら、断じて受け入れる必要はありません。私は「屁のカッパ」という言葉が好きです。国語辞典にも載っていますが、私はこの言葉をよく使います。

人に言われたことで元気をなくしてしまうのは、あまりにももったいない話です。次の章のテーマで取り上げますが、自分がいかに素晴らしい存在であるかがわかってくればくるほど、自分の価値が、他人の言動で簡単に傷つけられてしまうようなものではないことが必然的にわかってきます。

自分の価値は自分が決める。他人に決めてもらう必要はありません。

反応の根っこにあるものは？

先ほど、私には価値観という宝物があると書きました。樹木が地中に根を張って、幹から枝が出ている姿を思い浮かべるなら、価値観は、樹木の根っこに当たります。そして行動や反応が幹、枝に茂る葉や枝の先に咲いた花が結果です。

先ほど私はまた、感情の前に思考があるとも書きました。これを今イメージした樹木で言うと、思考が根っこで感情が幹です。目には見えないけれど、価値観という思考は、喜びや悲しみの原因であり、本質なのです。

ですから、自分にとって得になるようないい反応をしようと思えば、自分の中に根を張っている価値観のレベルを上げていくしかありません。では、どうすれば価値観を高めていけるのでしょうか。

私は、読書と経験しかないと思っています。いくら経験を重ねても、そこに読書の光を当てなければ、経験を正しくとらえることができないと思うからです。とらえ方によっては、つらい経験が本人のレベルアップにつながらずに、逆に心が荒れていくだけの場合もあるからです。

ここで言う読書によって得られるものとは、「自分以外の者の見方・考え方」です。自分の価値観と他人の価値観がぶつかり合うことで、自分の考え方が向上していくのだと思います。

相手の背後にある原因を見る

最近、私より少し年上の男性から聞いた話です。その人の妹は、その人の奥さんにいつもひどい言い方をしてくるそうです。でも奥さんはまったく気にせずに、淡々と対応しているそうです。

奥さんは、相手がなぜそういう態度を取るのか、その原因をつかんでいるので、普通の人なら腹が立つような言い方をされても、それで心を乱されることがないのです。

この話を聞いた私は、「奥さんは賢いですねえ。テンプラのコロモがどんなに分厚くても、そんなことは問題にせずに、奥さんは中にあるエビしか見ていないんですねえ」と言いました。

相手がなぜそのような態度を取るのか、それがつかめれば相手の表面に振り回されずに、こちらの心を穏やかにすることができます。これは、この章で述べた「人の心の中はわからない」と矛盾するので、少し説明します。

私が言いたいのは、「わからない」と解釈して自分の心が楽になるのであればそれでいいし、相手の心が読めて（もちろんこれも解釈です）心の平穏が保てるのなら、それも良しということです。

要するに私は、人に振り回されたくないのです。それでなくても人生は短いのですから、他人の言動にいちいち反応していたら、自分が本当にやりたいことをする時間がどんどん少なくなっていきます。

ですから、自分のエネルギーをもっと楽しいことに使いたい。そのためには、あらゆる解釈を駆使して、人生という塗り絵に灰色ではなく、バラ色を塗っていきたい。元気が出る見方をして現実をつくり、決めていきたいのです。

反応から現実が始まる

私が知る限り、2人の外国人（1人は、アメリカ人の経営コンサルタント：スティーブン・R・コヴィーで、もう1人は、インド人の医学博士：ディーパック・チョプラ）が、物事に対してどう反応するかはその人の能力であり、だからこそ、その人の責任であると言っています。

反応は英語で response と言います。能力は ability で、責任は responsibility です。ゆえに、response + ability = responsibility と説明されると、妙に納得してしまいます。

そうなのです。起こったことに対してどう反応するかは一律に決まるものではなく、人それぞれなのです。反応の仕方、つまり「とらえ方」によって、同じ事実から正反対の結論を導き出すこともできます。

私にとって現実とは、起こった事実そのものを言うのではなく、その事実にどう反応するかによって得られる心の状態です。発生した事実そのものではなく、その事実に対する反応から現実が始まるのです。

幸せとは人から与えられるものではなく、自分が明るくていい気分になれる反応のことを言うのだと思います。だとすれば、反応のレパートリーを増やしていくしかありません。

そして、どういう反応をするかは自分が選び取るものです。心の引き出しをたくさん持っているほど、自分の得になるいい反応ができる確率が高まります。でも、そもそも自分の中にないものは選びようがありません。

このことを別のたとえで言えば、心の中に「考え方」の天秤があって、重い方を選んでいると考えたらどうでしょうか。でも、片方の天秤に置くべき「考え方」がなければ、比べようがありません。

物事には自分が想像もしないようないろいろな「見方」があります。そして人生には必ず、「見方」によって救われるときがあります。

私が42歳のときに書いた読書ノートを読み返していて、『自己分析』という本の中に、「生理的に下り坂になるとき、人生はようやく上り坂になる」というフランクルの言葉が引用されているのを再発見しました。

フランクルのこの言葉は、今まさに肉体面においては下り坂を生きている私にとって、見事に真実を言い当てています。

物事をどうとらえるかによって、自分の心の状態が決まります。ということは、「見方」には、生命《いのち》の根源である宇宙（神）と自分を結びつける力があります。「見方」が変わると、人生が変わります。

読書ノートから②

① 自分の心の中を見つめることができると、他者に対する怒り、イライラなど、マイナスの心の状態は、自分自身の心の中から発生していることがわかる。決して外からやってくるものではない。人がそうさせているのでもない。

② 自分が世界をどう見るかによって、自分の心の中から感情が発生する。つまり、思考が感情に先行する。自分が世界をどう見るかによって、現実が決まる。

③ 自分自身を強烈に愛していなければ、他人の脅しに簡単に屈してしまう。自分を素晴らしいと思えなければ、最上の決断はできない。

④ 愛情のない母親に育てられた娘は、母親の犠牲になったのではなく、自分が小さいときどんなにつらかったかという思いにとらわれることにより、そのとらわれの犠牲になっている。

⑤ 誰一人、あなたと同じ人間はいない。他人が自分と同じような考え方をする

と期待しないことだ。

⑥ 私たちは、誰ともいつだって、同じ見方を共有できないのだ。ところが、私たちはその真実を無視して、相手が自分と同じように考えてくれるだろうと思ってしまう。

⑦ しかし、それは不公平であるだけでなく、非現実的である。だから、他人の言動に腹を立てる論理的な理由はない。

⑧ 音楽でも、音が違うからこそ、ハーモニーの美しさを出すことができる。みんなが同じ音だったら、ハーモニーにならないのだ。

⑨ 違うことに腹を立てるどころか、違うからいいのだ。

⑩ 事実と現実は違う。事実は変えられないが、現実は変えられる。

（『Shortcut Through Therapy』）

第3章　自己肯定が幸せの入り口

1　高い自己評価が不可欠

以前の私は自分を認めることができなかった

大学に通っていたとき、学生アンケートがありました。学生生活を楽しんでいるかどうかの質問に、回答した内容が暗かったため、当局から呼び出されました。なぜ落ち込んでいるのか、担当の先生から理由を聞かれ、私は「パチンコで勝てないから」「彼女がいないから」と答えました。先生は、「パチンコで勝てないのは当たり前」「彼女がいないのは君だけではない」と言われました。

大学3年生（20歳）の秋には下痢が1か月以上続き、体重が10キロ減りました。このとき初めて大腸ファイバーという検査を受けたのですが、結果はただの大腸カタルでした。就職してからも、夏に流行性の結膜炎にかかって1か月以上仕事を休んだこともあります。その結果、その年の冬のボーナスも減額となりました。

当時の私は、自己肯定力が低いことで免疫力を下げてしまっていたのだと思います。そのため、特に独身時代は病弱の印象が拭えません。

市役所の同期生が受けた接遇の研修では、こんなこともありました。講師に指名されて、お辞儀の角度が言われたとおりになっているかどうか、みんなの前でやってみせたときのことです。見ていた男性受講生の一人から、「暗い！」と声が上がり、何人かが同調して笑いました。お辞儀の角度がどうであるかという以前に、接遇に不可欠な「明るさ」が私には欠けていたのです。

結婚してからも、妻から「もう少し家事を手伝ってほしい」と言われただけで逆上し、大して家事を手伝っているわけではないのに、「これ以上家事をやれと言われるのなら、死んだほうがいい」と口走る有様でした。

そのときは直後にすぐ風邪をひいて痰に血が混じるようになりました。病院に行くとCT検査を受けた方がいいと言われ、検査結果は異状なしでした。このときも結局は、自分の価値を認めていないために、ちょっと言われただけで感情を乱し、免疫力を落としてしまったのだと思います。

7年前に家を建て替えたとき、物を減らすためにいろんなものを捨てました。その中には、20代に書いていた日記も数冊あります。少し読み返しただけで気分が悪くなりました。あまりにも暗いのです。「これでは精神病だ」と判断し、全部捨てました。

読書によって道が開けた

そのころから見ると、今の自分は別人です。容姿はどんどん衰えていきますが、それを補って余りある内面の喜びが今の自分にはあります。こうやってずっと書きたいと思っていたことを書けている今は、幸せとしか言いようがありません。

私が今のように自分を受け入れて生きられるようになった背景の第一には、読書とそれに伴う経験があります。人から、どうしたら自分に自信を持って生きられるようになるかと問われたとき、私は「本を読めば、自信を持たざるを得ないようなことがたくさん書いてあります」と答えることにしています。

私がそうだったからです。本を読んで感銘を受けた心のあり方を実践していくことで、楽しみながら自然な形で自信がついてきました。その際、30代の後半から始めた読書ノートの習慣が、想像以上に素晴らしい効果を発揮しました。

せっかく読んだ内容を忘れてしまうのはもったいないとの発想から始めた読書ノートでした。ところが、書くことによって自分がつかんだ内容がより確かなものになるだけではなく、人前で話すときにも絶大の効果がありました。

その端的な例は、市役所時代の議会での答弁です。本会議では事前に質問通告があり、あらかじめ答弁書を作成しますが、委員会の審議ではそういうわけにはいきません。ぶっつけ本番、アドリブで答弁しなければなりません。そんなときでも、無意識のうちに自分の中から言葉が出てくるのです。

もちろん、事前の勉強はしました。だとしても、しゃべることに苦労しなかったのは、読書ノートを書くことによって信念が強化されるとともに、思考を言葉に変換する回路が太くなったからだと思います。

他者からの評価が自信につながった

私が今のように自分の価値を認めることができる人間になれた背景には、読書ノートのほかに、両親からの絶対的な賞賛があります。そしてさらに、結婚後は妻からのこれまた絶対的な信頼があります。

大学入試のとき、落ち着いてやれば解ける数学の文章問題で単純な計算間違いをしてしまい、合格発表前ではありましたが、親に「第1志望校は数学で失敗したので第2志望校を受験する」と伝えました。すると親は、「第2志望校も不合格なら就職すればいいよ」と言ってくれました。

たとえ大学へ行けなくても、私への不満はみじんも感じられませんでした。大学に合格しようがすまいが、親は私という人間を丸ごと受け入れてくれていたのです。入試結果としては、第1志望校に合格しました。

余談ですが、あんなに失敗をしたのに合格できたのは、そのときの受験生のレベルが低かったのだと思います。それを裏付けるように、1年生のときに選択したフランス語の教官が、こんなに勉強しない学年は初めてだと嘆いていました。

私が仕事で苦しんでいるとき、妻はよく助けてくれました。子どもの人数が減り、小学校統合の基本方針をつくる仕事をしていたときのことです。統合方針を議会の全員協議会（質問の事前通告なしでぶっつけ本番）に諮る当日の朝、私はプレッシャーを抱えていることを妻に打ち明けました。すると妻は、「お父さんはどこを取ってもお父さんじゃからね。今日だけええ格好しよう思うてもダメよ」と言ってくれました。

この言葉に救われた私は、自信を持って答弁することができ、上司からもほめられたのです。その後の仕事でも、妻のこの言葉がどれだけ私の励みになったか、計り知れません。

自分を認めるとまわりからも認められる

２００５年度の公共広告機構のＣＭに、「命は大切だ。命を大切に。そんなこと、何千何万回言われるより、〝あなたが大切だ〟誰かがそう言ってくれたら、それだけで生きていける」というのがありました。

確かに、自分の価値を認めてくれる人がいるなら、それはそれで結構なことです。私の場合はそれが両親や妻であり、職場の上司や同僚でした。

しかし、そういう人がいなくても、自分のことを素晴らしいと思えるのでしょうか。答えはイエスです。私たちの生命《いのち》が永遠に不滅であり、常に成長していくことを思うと、自分の価値を認めざるを得ないからです。そして、自分のすごさを認めると、まわりからも認められるようになります。

市役所に勤務していたころ、中学校の同級生（女性）が経営する居酒屋によく通っていた時期がありました。その店は、カウンターに7人座ったら満員になるような小さな店で、いつも常連客で賑わっていました。

あるとき、常連の女性客（当時30歳くらい）が仕事のことで落ち込んでいたので、私は彼女に孔子と弟子の話をしました。話の概要は次のとおりです。

弟子のゼンキュウが孔子に「自分はダメです。いくら勉強しても私は先生のようにはなれません」と言うと、孔子は「天はダメな人間など一人もつくってはいない。どうして自分に限界をはめるのか」と目に涙を溜めて語った。

◇　◇　◇　◇

◇　◇　◇　◇

その話をすると、彼女は目に涙を浮かべていました。でもそれは悲しいからではなく、自分の価値を思い出して輝いているように見えました。

誰も認めてくれる人がいなくても、私は自分で自分を認めていこうと思います。これまで述べてきたように、自分の生命《いのち》のすごさがわかってくればくるほど、自分の価値を認めざるを得ないのです。

人からほめてもらわなければ自分の価値を認められないとしたら、それは他者依存です。物事がうまくいかないときにそれを人のせいにするのと本質は同じです。どちらも自分以外の人間にコントロールされることになるからです。

自分に限界をはめるな

教育委員会の仕事で、山本一義さん（広島東洋カープが低迷していた時代に4番打者として活躍。２０１６年、カープが25年ぶりに優勝した1週間後に死去）の話を2回聞く機会がありました。

1回目は市内の中学校が開催した講演会で、『自分に限界をはめるな』というテーマで話をされました。王選手は1日に５００回素振りをした。自分は腰が悪かったから３００回しかできなかったけど、それでも3割バッターになれたという話もされました。

2回目は仕事が終わったあと、夕食を共にしながら隣席で次のような話を聞くことができました。

◇　◇　◇　◇

あるとき山本さんが刑務所から招かれて、８００人の受刑者たちの前で話をすることになりました。そのとき刑務所の所長から、「以前、有名な俳優や女優に来てもらったときに、話が始まって10分で受刑者たちが足を鳴らした。だから山本さんも話を始めて5分であっても、足が鳴ったら、話をやめて帰ってきてもらって結構です」と言われました。

山本さんは当日、『優勝への道』と題して、「自分はどうせ犯罪者だからダメだ」と思ったらダメだ。その気になれば、できないことはないという話をしました。その結果、10分たっても15分たっても足は鳴らず、最後まで話をすることができました。

◇　◇　◇　◇

セルフイメージは自分の根っこ

自分のことをどう評価しているかをセルフイメージと言います。山本さんの話を聞いた受刑者たちのセルフイメージが高まったからこそ、彼らは足を鳴らさなかったのだと思います。

日々幸せを感じて生きていくために、セルフイメージは決定的に重要です。私は30代に受けたある研修で、講師から「根を断ちて　枯れゆく定め　つゆ知らず　色香を競う　瓶中の花」という和歌を教えてもらいました。

そのときから何十年もたった今でも、この和歌は私の心の中に残っています。セルフイメージは自分の根っこです。自分の価値を認められないということは、この和歌の中の花のように、根を切ってしまうのと同じではないでしょうか。

根を断った草木は枯れていきます。人間も例外ではありません。何があろうと、誰に何と言われようと、自分に対する評価は絶対に下げてはいけません。第1章「人間の力を超えたものがある」で、私は宇宙のコンセントという話をしました。

自分のことをダメと思うのは、コンセントからプラグが外れている状態です。これでは宇宙から元気になれるエネルギーは入ってきません。だから枯れていくのです。そしてこのセルフイメージは、個人だけの問題ではありません。国についても同じことが言えます。

セルフイメージの重要性は国も同じ

自分の国のことをダメな国だと思う国民が増えていけば、やがてその国は衰退していくと私は考えています。それを狙ったのが、第2次世界大戦後のアメリカの対日占領政策でした。

あの戦争でアメリカは日本に勝ちはしたものの、戦争末期の日本軍の特攻や硫黄島の戦いなどで大変な損害を被りました。アジア諸国が欧米列強の餌食となって植民地にされていく中で、日本はロシアとの戦争にも勝ち、独立を守りました。

そんな日本に脅威を感じたアメリカは、日本人の根っこを枯らしてしまおうと、戦後すぐに日本弱体化計画（War Guilt Information Program）によって、新聞やラジオを使い、日本がどんなに悪いことをしてきたか、日本人を洗脳しようとしました。日本人のセルフイメージを下げようとしたのです。

このほかにも例えば、3S政策というのがあって、これはセックス、スクリーン（映画）、スポーツの頭文字三つを意味しています。彼らには、日本人をこれらの楽しみに没頭させて、大切なことから目をそらせようという狙いがありました。

戦勝国の正体を直視しよう

一方で、あの戦争の勝者である欧米列強がどんなに立派なことを言っても、彼らの偽善性は、カイロ宣言を読むだけで明らかです。カイロ宣言とは第2次世界大戦中の1943年11月、エジプトのカイロにアメリカ、イギリス、中国の首脳が集まって対日方針を話し合い、文章にしたものです。

その内容は、日本が拡大してきた領土を日本から取り上げるというものです。ところが、自分たちがアジアやアフリカで拡大してきた植民地には一切触れていません。要するに、自分のことは棚に上げているのです。

さらに東京裁判（極東国際軍事裁判）では、国際法において事後法は禁じられているのに、そのときにはなかった「平和に対する罪」などという犯罪を新たにつくり出して、日本人を裁きました。しかも戦勝国側に都合の悪い証拠は採用されず、原爆投下に触れることも認められませんでした。

このため、公正を欠いた裁判のやり方に抗議し、弁護を降りて帰国した外国人の弁護人もいます。彼らが言うように日本の行為が戦争犯罪に該当するのであれば、原爆でその年のうちに21万人を殺害し、さらには通常爆弾による無差別空襲でも20万人を殺したアメリカがやったことは、紛れもない戦争犯罪です。

それを言うと彼らは、開戦時の真珠湾攻撃や日本軍による南京虐殺を持ち出してくるでしょう。しかし、真珠湾での攻撃対象は軍事施設であって、民間施設を対象にしていません。このためハワイの市民は、バルコニーに出たり屋根に上ったりして、その様子を見物できたのです。

また南京の問題では、1938年2月、事件から2か月後に中国代表が国際連盟に訴えたときは、死者の数は2万人でした。それが、東京裁判では20万人、その後は30万人に増えて現在に至っています。当時の国際連盟が問題にしなかった2万人を、東京裁判ではその10倍の20万人にして持ち出してきたということに、私はアメリカの意図を感じています。

ここからは私の推測ですが、東京裁判を実施するに当たり、アメリカは自分がやった原爆投下への批判の矛先をかわすために、中国と結託して南京虐殺20万人を持ち出してきたのではないかと思っています。

戦後、中国は共産主義国となりました。日本がアメリカと戦争するに至った背景には、尾崎秀実《ほつみ》という朝日新聞の記者やゾルゲというソ連のスパイが、日本をアジア大陸の北（ソ連）ではなく、南方に向かわせるように画策していた事実もあります。

日本の新憲法の草案作成に当たって中心的役割を果たしたGHQ（占領政策を実施した連合国の機関）のケーディスという民生局次長が共産主義者だったことも、今では明らかになっています。このようなことを考え合わせると、日本を弱体化させるためにアメリカと中国が手を結んだとしても、不思議はありません。

当時の国際状況の中で、彼らが言うように日本は本当に悪いことをしたのか、日本人は自分の頭で判断する必要があります。歴史も国際関係も非常に複雑です。しかし、だからといって彼らの主張を鵜呑みにしていると、日本人は枯れてしまうのではないか。私はそう考えています。

ただし、過去を振り返ると、戦勝国が一方的に貼り付けてきた「戦争犯罪」というレッテルを、日本人の多くが鵜呑みにしなかった時期もありました。

「戦犯」とされた方々の早期釈放を求める4000万人もの署名を背景に、1953年8月、国会は全会一致で法律を改正し、その遺族にも、遺族年金や弔慰金を支給できるようにしたのです。さらに、「A級戦犯」とされた重光葵《まもる》氏は釈放後、外務大臣として活躍しました。

相手からの批判は本当に正しいのか

日本は近隣の中国や韓国から嫌われています。しかし、世界の国々は日本をどう見ているのでしょうか。その一つのヒントになるのが、BBC（イギリスの公共放送局）が行っている世界世論調査です。

最新の調査は、2016年12月から2017年4月にかけて実施されました。これは、16の国とEU（ヨーロッパ連合）が世界に良い影響を与えているかどうかについて、アメリカ、ドイツ、フランスなど、19か国の1万8000人を対象に行われたものです。

この調査で日本は、カナダ、ドイツに次いで3位となっています。中国は7位ですが、良い影響よりも悪い影響を与えているとする回答の方が上回っています。アメリカは12位です。今回の調査では、韓国は調査対象になっていません。

特定の国が激しく日本を批判してくる場合、そこには理由があります。１９９８年12月、産経新聞の初代中国総局長として北京に赴任した古森義久氏の著書『日中再考』を読むと、中国の中学生用学習指導要領には、「生徒に日本帝国主義の侵略犯罪への強烈な憎しみと恨みを触発させよ」と書いてあるそうです。

そこまでして中国が日本を敵視するのは、自分たちがやってきた過ちから国民の目をそらすために、日本に対する糾弾をやめるわけにはいかないからです。文化大革命（１９６６年〜１９７６年）では、数千万人の命が失われたと言われています。

共産党による一党独裁で複数政党が存在せず、日本のように健全な世論が存在しない中国のような国が言ってくる内容にどれほどの真実があるのか、私たちはその辺りのカラクリを見極める必要があります。

以上は国と国との関係ですが、個人対個人でも同じことです。相手が批判してくる内容が本当に正しいのかどうか、自分の頭で判断することが必要です。そして、たとえそれが受け入れるべき内容であったとしても、決して自己評価を落としてはいけません。誰にとっても、自分ほど素晴らしいものはないからです。

2　生命《いのち》の根源とつながる道

自己肯定は宇宙の根源につながる

毎年、お盆には妻の妹夫婦たちがわが家にやってきます。今年（２０１９年）も８月にみんなで楽しい時間を過ごしました。そのとき小学校で３年生の担任をしている甥（26歳）に、今の学級の様子について尋ねました。

すると、クラスの中に１日に何度も、教師である甥に反抗してくる子どもがいるそうです。甥の心の状態が気になった私は、「絶対に自己評価を落としたらいけんよ。人生で最大の批判者は自分自身じゃからね。人間は誰でも、みんなすごい価値を持っとるんじゃから」と伝えました。

私はそのとき、人間の価値について語れば語るほど、話す自分自身が元気になっていくことに改めて気がつきました。

私がそのように元気になったのは、自分の価値を認めることが、宇宙のコンセントにプラグを差し込むことになるからです。自分を肯定すると、生命《いのち》を生かしている宇宙の根源とつながることができます。

逆に自分を否定すると、宇宙からのエネルギーを遮断することになります。「病気」という字は実によくできていると思います。自分を否定したりして気を病むと、気（宇宙のエネルギー）が入ってきません。だから病気になるのです。

自分がやったことをすべて肯定する

今朝（2019年8月19日）も、孫（小学3年生の女子）に出した算数の問題の答えを見て怒りました。20÷4が50になっていたからです。時間がたってみると、確かに私の怒り方には反省すべき点があると思いました。

でも、怒ったことを肯定することにしています。「あの怒り方はまずい」と自分を否定すると、二重の失敗になるからです。失敗そのものよりも、あとで自分を責める方がはるかにエネルギーを消耗します。「いつも優しいじいちゃん」にはなれません。「ときどき怒る怖いじいちゃん」でいいと思っています。

とはいえ、怒ること一つ取っても進歩はしています。でも怒ることをやめることはできません。それでいいのです。

自己否定すると、以前の私は口角によくノボセ（呉地方の方言で口角炎による腫れ物のこと）をつくっていました。ノボセができると、私はそれを〝自己否定のシンボルマーク〟と呼んでいました。

ノボセは「食べ過ぎ」や「疲れ」でもできますが、私の経験では、自己否定が大きな原因でした。でも今では、ノボセができる回数が減ってきました。サラリーマン生活を卒業して「多忙」と「イライラ」から解放されたことはもちろんですが、自分がしたことを全面的に受け入れることができる回数が増えてきたことも、大きな理由だと思っています。

今の自分が過去の積み重ねの結果であることを考えると、自分がやってきたことは、まさに自分の根っこではないでしょうか。そんな大事な根っこを否定するわけにはいきません。今の価値観で過去の自分を否定するのは、今の道徳観で過去の日本を否定するのと似ています。

自分という人間も日本という国も、そのときそのときで最善の選択をして生きてきたのです。それをあとになってとやかく言って否定したのでは、事後法で日本を裁いた東京裁判と同じになってしまいます。

やったことはすべて自分が選んだこと

私は生まれつき動作が鈍く、着替えにも人一倍時間がかかります。今日（2019年8月19日）のように特に学校が夏休みであれば、小学生の孫2人の勉強を見て、掃除機をかけ、自分のストレッチに新聞を読みながらのコーヒーブレーク。そして、ほんの少しの家事（食洗器の中の食器出し）をしたら午前が終わってしまいます。

午後はこうしてやっと本の原稿をパソコンに打ち込んでいます。でも、もう少ししたら、車で片道20分かかる保育所に孫を迎えに行きます。このように、なかなか自分の時間が持てないのも、イライラの種になります。

でもイライラするのは、自分がそういう感情を選んでいるからです。同じ状況に置かれても、反応は人それぞれであることを第2章で述べました。人生は選択の連続です。たとえ不快な感情であっても、数ある選択肢の中で自分がそれを選んだのだから、私はそれを認めようと思います。

自分が選んだのに、うまくいかないときにはそういう行動をした自分を否定するというのでは、卑怯です。正々堂々とは言えません。もちろん反省はします。でも反省することは自己否定ではありません。

今日のことにせよ、遠い過去のことにせよ、自分がやったことを否定するのは、前の項で述べたように、自分の根っこを切ることになるのではないかと考えています。だから、過去を否定すると自分が枯れていくことになり、いい気分になれないのではないでしょうか。

ところが、たとえ失敗であっても自分がやったことを受け入れると、気持ちが穏やかになります。それは過去を肯定することによって生命《いのち》の根源とつながり、エネルギーが入ってくるからです。

なぜ、うまくいかなかった過去を肯定できるかと言うと、生命《いのち》を生み出した宇宙の根源と常につながった自分をイメージできるからです。

そのときには失敗と思ったことでも、あとから振り返ると「あのことがあったから今こうして役に立っている」と思えることは、誰にもあると思います。そう考えると、私たちが個人の生活レベルで失敗と呼んでいるものは、実は失敗ではなく、成功へのプロセスなのかもしれません。

しかし、約310万人（1963年の政府見解）の日本人が犠牲となった先の戦争を、簡単に「成功へのプロセス」として片づけてしまうわけにはいきません。このことについては、次の章で考えてみたいと思います。

自分がやったことを後悔しないために

自分が選んで行動したこととはいえ、後悔の一歩前の心理状態になることはよくあります。そんなとき、後悔までいかずにすむ方法として、私は心の中の天秤に錘《おもり》が乗っている状態をイメージしています。

錘《おもり》の重い方が自分の選んだ道です。場合によっては、天秤の片方にはまったく錘《おもり》が乗っていない場合もあります。自分がそういう行動を取ったのはこちらの錘《おもり》が重かったのだから、あるいは、そもそも片方の天秤は空っぽだったのだからとイメージすると、気持ちの整理ができるのです。

実は、自分が選んだ行動について私がこのように考えるようになったのには、一つのきっかけがあります。２０１４年の冬季オリンピックのスキージャンプ競技で、直前のワールドカップで圧倒的な強さを発揮し、金メダルを期待されていた高梨選手が4位に終わりました。

残念でなりませんでしたが、ある些細なことを経験して自分の中で納得することができました。わが家の台所の流しの隅には、三角コーナーではなく、ポリ袋を置いてゴミを捨てるようにしています。

あるときコメのとぎ汁を流すと、ちょうどそのときはポリ袋の中にカビが生えてしまったミカンを捨てていたので、いつもならとぎ汁と一緒に流れようとするポリ袋がびくともしなかったのです。

ミカンの重みがあったからですが、私はこの光景を高梨選手に結びつけました。オリンピックという魔物に吹き飛ばされないものが彼女の中にあれば優勝できたかもしれませんが、あのときの彼女にはそれがなかったのだと。

高梨選手がメダルを逃したことについて、不運な追い風を理由とする説があることは承知しています。これはあくまでも、私の見方であり、解釈です。

起こることもすべて受け入れる

人生には想定外のことがたくさん起こります。認めたくないこともたくさん起こります。第1章でお話ししたように、自分の娘たちが30代になってもなお、親に心配をかけるようになるとは、思ってもみませんでした。

でも人生で自分の身に起こることは、どんなに嫌なことであっても、意味があって起こるのではないかと思います。だとすれば、起こることも、自分の「根っこ」ではないかと思うようになりました。根っこを切って枯れることのないように、自分の身に起こることも受け入れていこうと考えています。

昨年（２０１８年7月）、私が住んでいる西日本では大変な豪雨災害がありました。大切な肉親や家を失った方もたくさんおられます。そんな方々に対して、今私が言っているように「自分に降りかかったことも自分の根っこ」と言えるのか。そんなのは、幸せ者の戯言《たわごと》ではないのか。そういう疑問が頭をよぎります。

私は45歳のときに『神との対話』という本を読みました。妻子を抱え、明日の生活にも困っていたアメリカの49歳の労働者が、神への怒りを込めた問いの数々を手紙にしたためているうちに「口述筆記」が始まり、それを本にしたものです。

この本の読書ノートの中に、「ヒトラーは、彼が死に至らしめた人々を何ら害することも侵すこともなかった。残された人々が彼らの死を悼むのは、彼らの魂がどんな喜びへと分け入ったかを知らないからだ。死を経験したら、誰も死を悼んだりしない」と書き留めている箇所があります。

私は死後の魂の存在を信じています。私たち人間は、何度も何度も生まれ変わって、それぞれの人生でさまざまな役割を演じながら、自分の魂を向上させていく存在だと考えています。

ある人生でたとえ非業の死を遂げたとしても、魂は不滅なのだから、自分の本質は決して傷つくことはないと思うのです。確かに、肉体をまとった今の人生だけに着目するなら、この世は、受け入れることができない事柄に満ちあふれています。

でも、今の人生を超えて永遠の魂という観点から人間という存在を考えると、そこに希望の光が見えてくるのではないでしょうか。

3　私たちは永遠に成長する

孫も娘たちも私たち夫婦を選んできた

私にとって今一番のイライラの種は、孫と娘です（2019年8月現在）。孫については、この原稿を書いている今が学校の夏休みということもあって、小学3年生の女の子と小学1年生の男の子とは、土日を問わず、一日中一緒の生活です。夕方になると、もう1人の女の子が保育所から帰ってきます。

3人集まると、どこかに遊びに連れていっても、家にいても、騒いだり泣いたりしてうるさい。もっと静かな環境で自分の時間を持ちたい。それが正直な私の気持ちです。でも今は、それができません。

一方、娘2人は、そもそも自分が選んでおきながら、相手がどうのこうのと、うまくいかないことを相手のせいにしています。そういう姿勢では、悩みが解決するわけがありません。

でもこれらの問題も、第1章で述べたように、娘も孫も私たち夫婦を選んで修行に来たのだと思うと、心の中に違った風が吹いてくるのです。彼らが修行中の身なら、私たち夫婦も同じです。

小学生の孫2人は、今（2019年8月26日14時）から妻が市営プールへ連れていきます。水着に着替える男の子と目が合って、お互いにニコッと笑いました。そうなのです。孫と暮らしているからこそ、つくり笑いではなく、心の底から笑う回数が格段に多いのです。そのことで私たち夫婦は、老化による表情の衰えをどれだけ防いでもらってきたことでしょう。

娘たちもそうです。娘たちに出会えたからこそ、孫との生活を味わわせてもらっているのです。神のシナリオを信じて今の生活を受け入れる。そして、イライラする自分も受け入れる。そのことで自己否定は絶対にしない。これが今の私の近況です。

自分を認めると他者を認められる

年を取った今の方が良かったと思えることはいろいろありますが、その中の一つに、他人の良い所が見えるということがあります。今私は、地域の高齢者行事の手伝いをしています。

そこへ出ていくと、参加者たちの人柄がだんだんとわかってきます。本当に明るくて、おもしろくて、いい人たちだなあと思っています。もちろん、そこへ出かけていく人は、人の世話をしようという人たちですから、もともといい人なのでしょう。が、それにしても、若いときよりも人の良い所が素直にいいと思えるのは、私自身が自分を受け入れているからだと思います。

自分を受け入れることができない人は、他人も受け入れられません。他人がどうこうよりも、まず自分を認めることが先のような気がします。自分の中に幸せが満ちていれば、人のことでいちいち感情を害されることが少なくなってくるのではないでしょうか。

娘とコミュニケーションがうまく取れないときは必ず、自分の育て方が悪かったからと落ち込む妻に、先日私は次のように言いました。

◇　◇　◇　◇

あなたに欠けているのは、お金でも、娘夫婦の仲が良いことでも、孫が勉強ができることでもない。それは、自信だ。娘たちが思うように育たなかったのは、自分たちの育て方がまずかったのではない。

私たち夫婦は一生懸命働きながら、愛情を持って育ててきた。学校から帰ったときに親がいないと言っても、残業するあなたより私は早く帰ってきたではないか。それを次女が言うように、親がいなくて寂しかったから反抗したというのはわがままだ。

親子でも魂は別だ。そんなことでいちいち責任を感じる必要はない。子どもには子どもの宿題があって、この世に出てきているのだから。親が子どもの宿題を代わりにやってやることはできないのだから。

◇　◇　◇　◇

妻の場合、娘にも良い所があるのだからそれを見ようというよりも、まず妻自身が自分を認めることが先だと思います。子どもたちの問題に悩む妻に、私はこうも言いました。それは、私自身に言い聞かせる言葉でもあります。

「あと何年かで40歳になるような人たちに、ああせいこうせい言うて、聞くわけないじゃない。親として今の自分たちができるのは、年を取ってもこんなに楽しそうに生きているという後《うし》ろ姿を見せることだけじゃないん?」

自分に優しくすると元気になる

第1章で述べたように、生命《いのち》の不思議を思うと、生かされていることへの配慮を感じざるを得ません。どう考えても自分の生命《いのち》の源《みなもと》として、宇宙か神さまか、人間を超えた偉大なものを感じざるを得ないのです。

私が考えている自己肯定には、「自分の価値を認める」「自分がやったことを認める」「自分に起こったことを認める」の3種類があります。

教育委員会に勤務していたとき、ある中学校の卒業式の前夜、人生で初めてのあいさつ文を読み上げる練習をしていた私は、かまないように読もうと緊張している自分がかわいそうになってきました。

そう思えると、「卒業式の主役は自分ではなく、卒業する生徒たちだ」と気がつきました。このときの「自分がかわいそう」という感覚は、それまでの自分の人生すべてを含めた自己肯定です。自分を認めたからこそ、「あいさつ文を読むぐらいで、失敗しないようになどと何を見当違いの心配をしているのか」と、自分の愚かさに気がついたのでした。

卒業式当日は、式が始まる前に校長先生から「原さん、初めては緊張するでしょう」と気を遣ってもらいました。その気持ちはうれしかったのですが、生意気にも私は、「いえ、主役は生徒ですから」と答えました。

私は先ほど、三つの自己肯定を挙げました。これらは言い換えると、自分に優しくするということです。私たちは困ったときほど、自分に優しくする必要があります。自分に優しく考えると、間違いなく気持ちが楽になります。

それは自分の中には生命《いのち》という神さまがいるからだと思います。だから宇宙のエネルギーが流れてきて、元気になることができるのです。

未来を肯定する

マスメディアには、「不安」や「不透明」など、未来を心配する言葉があふれています。しかし、いつの時代でも先のことは誰にも断定できません。しかも、未熟な人間同士が暮らす社会に完ぺきを求めることは不可能です。

ですから、「不透明」は当たり前のことだと思います。しかし、だからと言って「閉塞感」とか「生きづらさ」という感情に行き着いてしまうのは、それも反応の仕方の一つとはいえ、私には釈然としません。

では自分はどういう感情を選ぶのか。しかし、感情の前には必ず、「とらえ方」という思考があります。では世の中の未来に対して、私はどういう「見方」をするのか。一言で言えば、「楽観」です。

宇宙の大きな意志の中で人間が生かされていることを思うと、不安を感じる必要はありません。自分も世の中も、必ず良くなっていくのです。私が自分自身を振り返ってみて、成長してきたことはすでに述べました。

世の中も同じです。20世紀の前半はあれだけ戦争を繰り返していたのに、今はこんなに平和を享受しています。車は1人に1台持てるようになり、一人一人が電話を持ち歩けるなんて、夢のようです。

先ほど自己肯定に3種類あると言いました。ここに至って私は、もう一つ、自分の未来を肯定することを加えたいと思います。

しかし未来が輝くためには、未来をどう見るかという「見方」が重要です。「見方」という光を手に入れれば、不安は安心に、不透明は透明に、そして閉塞感は幸福感に変わるからです。

これまで繰り返し述べてきましたが、〝神のシナリオ〟を思い出すなら、人間も社会も良くなる方向しかありません。私たちは何度も何度も生まれ変わって、成長し続けます。そして、そういう見方ができるからこそ、自分の過去も現在も未来も、すべて肯定できるのです。

「私たちは永遠に成長し続ける」という視点は、「自己肯定」の原点です。でもそう言えるのは、私たちが生命《いのち》の根源、すなわち宇宙（神）とつながっていると思えるからです。

生まれる前も、今も、死んだ後《あと》も、私たちには一瞬も休むことなく、生命《いのち》の根源からエネルギーが流れてきています。そんな自分を否定することは、生命《いのち》の源《みなもと》を否定することになります。

そうではなく、神と常につながっている〝すごい自分〟をイメージすると、生命《いのち》の根源と強固につながります。そうなると、物事をプラスの視点から見ることができるようになります。そして今度は、そういう肯定的な姿勢がますます神と自分をつなぐパイプを太くします。まさに、好循環です。

読書ノートから③

①　自分で自分のことをどういうふうに考えているのか。自分をどんな人間だと思っているのか。これがセルフイメージ。言い換えれば、自分自身に対する意見であり、自分の未来そのもの。

②　あなたの未来は、あなたが抱いているセルフイメージのとおりになる。その意味でセルフイメージは、自分自身の設計図であり、自分自身に対する思い込みである。

③　「自分は今、こういう人間だから、こういうセルフイメージを持っている」のではなく、「こういうセルフイメージを持っているから、こういう人間になっている」のである。

④　いくら友達をたくさんつくったところで、幸せになれるとは限らない。幸せをもたらしてくれるのは、友達でも、まわりの人でもない。自分自身でしかない。

⑤ 自分自身とはあなたのセルフイメージ。自分のセルフイメージと友達になれば、実際の友達がどんなに少なかろうと、決して孤独になることはない。

⑥ しかし、ほとんどの人は、セルフイメージとケンカしている。自分自身と友達になれば、ほかの誰かから好かれたり、認められたりする必要はなくなる。友達をたくさん持つ必要もなくなる。

⑦ 完ぺきな人生、完ぺきな人間関係、完ぺきな仕事ぶりなどありえない。不完全で欠点だらけでいい。

⑧ 大切なのは、その欠点だらけの自分に満足すること。自分のポジティブな側面をより多く見ること。起きてしまった出来事や事実に対して、ポジティブな反応・解釈をすること。

⑨ 自分に他人はコントロールできないし、他人に自分をコントロールさせてもいけない。イチロー選手は、去年の成績と今の自分を比べている。ほかの選手と比べるのではない。

⑩　本当の意味で自分を傷つけることができるのは、自分だけ。他人がどう反応するかよりも、その他人の反応に対して、自分がどう反応するかの方がよほど重要で価値がある。

（『自分を不幸にしない13の習慣』）

第4章　自分の中の宝物を見る

1　気づきが導く魅力的な世界

心の花を見ているか

教育委員会に勤務していたときのことです。４月から新しく二つの小学校が統合したので、子どもたちの登校の様子を見に行こうと、タクシーに乗りました。学校に着くまで私は、タクシーの中から街のあちらこちらに咲いている満開の桜を眺めていました。

運転手さんに「桜がきれいですね」と話しかけると、「まだタクシーの仕事を始めて間がないので、運転に一生懸命で、桜を見る余裕がありません」という返事でした。せっかく美しく咲き誇る桜の花がすぐそこにあっても、それを受け止めるだけの余裕が自分の心の中になかったら、桜の花はないのと同じです。

このことは、その後も折に触れて思い出しています。でも最近、もう一歩進んで、運転手さんの場合は自分の外にある桜の花だけど、私自身は果たして、自分の心の中にある花をちゃんと見ることができているのか。どうでもいいことに心を煩わしているのではないか。そのように思うようになったのです。

私がこういうことを思うようになったのは、ある雑誌で知った道歌がきっかけです。それは次のような道歌です。

誰もみな　春は群れつつ遊べども　心の花を見る人ぞなき（夢窓国師）

では、私の中の「心の花」とは何か？　そう考えたとき、これは人によって本当に千差万別、バラバラだなあと思いました。人によって「心の花」の解釈は、みんな違うからです。ある人にとっては「家に帰ったら、おいしい〇〇を食べよう」でしょうし、「今日つらいことがあったけど、金曜日の夜にはあの人に会えるんだ」というケースもあるでしょう。こう考えてくると、自分にとっての「心の花」を探してノートに書いてみるだけでも、楽しい作業になってきます。

野球の世界ではよく、「ボール球に手を出すな。ストライクを打て」と言われます。それができれば、明らかに打撃成績が良くなるからです。でも、この「ボール球に手を出すな」というのが、案外むずかしいのです。本人はストライクと思って振っているわけですから。テレビで聞いたか、雑誌で読んだか、思い出せませんが、確かある女性が、「ボール球に手を出すまいとしてもうまくいかないけど、ストライクを打とうとすると、結果的にボール球を振る回数が減ってくる」と言っていました。

これは深い話です。ウィトゲンシュタインという哲学者は、「悩みはそれ自体が解決するのではなく、それを超える大きな喜びが現れると消える」という意味のことを言いました。

これはどういうことかと言うと、日常の小さなことに悩んでいても、例えば大好きな異性が目の前に現れたら、そんな悩みは吹き飛んでしまうという意味です。

私が言いたいのは、ボール球に集中するのではなく、ストライクに集中しよう。つまり、マイナスなことを考えまいとするのではなく、楽しいことを考えようということです。

日々楽しいことを考えて過ごすのと、不愉快なことを考えて過ごすのとでは、それが1年、2年と積み重なれば、人生の展開に天と地の差が出てくるのではないでしょうか。

自分の顔は自分がつくる

新聞で、次のような記事を読んだことがあります。それは人相についての話でした。意地の悪い顔をしている人は、いつも意地の悪いことを考えているから、顔の筋肉がそのような動きをして、それが表情となって固まってしまうのだと。

反対に優しい顔をしている人は、いつも優しいことを考えているから……あとは同じです。だとすれば、いつも楽しいことを考えていると、楽しそうな顔つきになってくるのは必然でしょう。

リンカーンは、「40歳を過ぎたら自分の顔に責任を持て」と言いました。私がよく行く商業ビルのトイレの出入り口に、鏡がかかっています。

老人ホームで働いていたころは、自分では結構楽しくやっていたつもりなのに、その鏡に映った自分の顔がとてもつらそうでした。ところが退職して2年くらいたったころから、鏡に映る自分の顔が、腹の調子が良くないとき（私の持病は「過敏性腸症候群」です）でも、穏やかになりました。

孫と暮らしていると、時には「やかましい！」と叱ってしまうほど、子どもは実によく騒ぎ、よく笑います。彼らが楽しそうな顔をしているのは、単に肉体が若いというだけではなく、いつも楽しいことを考えているからだと思います。

年を重ねるごとに容貌は衰えていきます。でも私は、自分がいかに恵まれているかを忘れることなく、新たな発見をしながら、人生を楽しみたいと思っています。そうすれば何歳になっても、その年齢にふさわしい「いい顔」を自分がつくれるのではないか。そう考えています。

自分の優しさに気がついていなかった

老人ホームに勤め始めたときに、こういうこともありました。職員の採用や事業所の実績報告などで、それまでに経験したことのないパソコン操作をしなければならなくなったのです。操作がわからなくなったときは、事務所で一緒に仕事をしている相談員に教えてもらっていました。

でも、小さいときから人に遠慮する癖があって、親や親戚から「気兼ね師」と言われて育った私には、入退所や深夜の救急搬送などで激務をこなしながらパソコンに向かっている相談員の手を止めさせて教えてもらうことに抵抗がありました。

ちょうどそのころ、気心が知れた生命保険会社の女性職員が、職場に私を訪ねてきました。私は彼女にそのときの苦しい心境を「相談員の手を煩わすまいと、自分が『遠慮師』というよりも、『ええ格好師』じゃから、教えてもらうのが苦手なんよ」と打ち明けました。するよ彼女は、「原さんは『ええ格好師』じゃなくて優しいんですよ」と言いました。

彼女のこの一言は、沈んでいた私の心を少し明るくしてくれました。その後、里帰りしていた長女の「福祉をやったことがないんじゃから、わからんのが当たり前じゃろう」という言葉にも救われ、さらに書店で、自分のレベルに合ったパソコンの解説書を見つけたことで、私のパソコン操作に関する心配事は一件落着しました。

「ええ格好師」と「優しい」では、自分に対するイメージがまるで違います。当時の私は、自分がすでに持っていたものに気がついていなかったのです。

リンゴは傷がある方が甘い

教員の資格を持っていない私が人生で一度だけ、市内の中学生に授業をしたことがあります。２００４年7月14日のことです。体育館に2年生の男女１１２名の生徒が集まり、その日の1時間目に、「総合的な学習の時間」を50分間担当しました。

学校側の希望は、夏休みに生徒たちが職場体験をする前に、実社会の厳しさや、あいさつの大切さなどについて話をしてほしいとのことでした。毎年その授業をしていた民間会社の男性に急用ができたため、私がピンチヒッターとなったのです。

冷房のない体育館の中で、授業経験がまったくない私のような素人の話を、彼らがどれだけ集中して聞いてくれるだろうかとの不安はありました。でも、やるからには次のような考えで臨もうと心に決めました。

① 自分自身が社会に出ていったときを振り返ると、「社会人としてちゃんとやってい

けるだろうか」「仕事に就いても楽しみはあるのだろうか」という不安が大きかった。だからまず、今の中学生たちのそういう不安を解消してやろう。

② しゃべる自分が感動する話でないと、聞く相手は感動しない。だからとにかく、今の自分が一番情熱を持って語れることを話そう。

③ 抽象論では眠たくなる。いろんなたとえ話をしよう。

④ 話す内容は学校からの依頼内容とは少し離れるが、今の中学生にどうしても伝えたいことを厳選しよう。

このようなことを考えながら私は、彼らに伝えたい内容をA４の用紙１枚に要約して、授業の前に配ってもらいました。伝えたい内容は５項目あり、その中の１項目目「就職しても、楽しく生きられる！」の中で、「困難への見方を変える」と題して次のような話をしました。

◇　◇　◇　◇

凧《たこ》は後《うし》ろから風が吹いても揚がらない。風がなくても揚がらない。逆風で揚がる。飛行機も、空気の抵抗がなければ空を飛べない。生きていれば必ず壁にぶつかるときがあるが、困難や抵抗がなければ人間はレベルアップできない。

さらにこんな話もある。テレビで見た東北地方での話だが、中学校の先生が、卒業した教え子が働いているリンゴ園を訪ねた。自由にリンゴを取っていいというので、先生は、外見がきれいなリンゴばかりカゴに入れた。

するとと教え子が、「先生、そのリンゴはダメだよ。こっちの方がおいしいよ」と、別のリンゴを差し出した。見ると、そのリンゴは傷のあるリンゴだった。教え子は、「リンゴは傷がある方が甘いんだよ」と教えてくれた。

◇　◇　◇　◇

50分の授業を終えて校長室に戻ると、生徒と一緒に私の授業を聞いた校長先生の反応は、あまりにも内容が盛りだくさんだったので、彼らが理解できるかどうかは疑問ということでした。

教育委員会に戻ったその日の夕方、その中学校の先生が、たくさんのコピーを持って私を訪ねてこられました。私の授業を受けた生徒たち112名全員の感想文のコピーを届けてくださったのです。

生徒たちの反応が気になっていた私には、何よりのプレゼントでした。先ほどのリンゴの話には、3人の生徒が次のような感想を書いてくれました。

女「一番勉強になった言葉は〝甘いリンゴは傷がついたリンゴ〟」
「壁などにぶつかっても、くじけずがんばり、いい人になっていこうと、今日の話を聞いて思った」

◇　◇　◇　◇

男「〝傷ついたリンゴは甘くなる〟という言葉を聞いて、僕もまず、（中略）人のせいにせず、優しくアドバイスをしていけたらいいなと思った」
「今日の話は、今から働いていくのと生きていくのとで、とても良い話だと思った。これからもこういう話を聞き、成長していきたい」

女「とっても勉強になった。私は失敗したらすぐ落ち込んでしまうけど、〝傷のついたリンゴほど甘い〟という話があった」

「今日からは失敗を恐れず、どんどん失敗して、どんどん大きくなりたい」

「今日、先生の話を聞けてとてもよかった」

◇　◇　◇　◇

子どもたちは私たちの宝物

あの暑さの中で、大人向けでも通用するような内容を的確に理解してくれていたとは、彼らは十分に大人なんだなあと思いました。いやむしろ、大人以上に純粋で素直で、正直に自分の気持ちを表現してくれたのではないか。15年ぶりに彼らの感想文のエキスを読みながら、改めてそう思いました。

生徒たちに伝えたかった5項目のうち、実は時間が足りなくなって3項目の「幸せは自分の心がつくる！」という話はできませんでした。すると、こんな感想を書いた1人の生徒がいました。

◇　◇　◇　◇

女「自分に正直に生きていたら、人に迷惑がかかったり、自己中心的に考えてしまう。その点では、まちがっているかなあ」

「原先生はすごい。いろんなたとえ話を考えることができるから」

「ボランティアでやっていることもすごい。お金がもらえないのに、話の内容を考えたりしていた」

「〝幸せは自分の心がつくる！〟という話も聞きたかった。でも、時間内に話を終わらせようとしたのは、いいことだ」

◇　◇　◇　◇

この本で紹介した彼らの感想はごく一部ですが、ほかの項目についても、彼らが書いたものは、しゃべった私の想像を超えるほど的を射ていました。当時、私が彼らの感想文のエキスをまとめようと思ったのも、それが大きな理由でした。私たちの未来は、こんなに賢い子どもたちが引き継いでくれるのです。

でも、このようなうれしいことも、この本を書くことがきっかけで15年前の記録を読み返すまで、忘れていました。私たちの社会は、「子どもたち」という素晴らしい宝物を持っています。そして私は、その一端を直接味わわせてもらうことができました。このことも私にとっては、大切な財産です。

自分の中の宝物を見ると根源につながる

この章では、せっかく自分の中にあるのに普段は意識していない宝物について書いてきました。〝傷があるリンゴ〟の話をしようと思ったのは、自分ではマイナスと思っていることが、本当は大きなプラスであることを言いたかったからです。

私自身、こんなに前向きな本を書いていながら、いつも心が安定しているわけではありません。最近では、自治会長から330世帯からなる地域の秋祭りの責任者を任されました。腸に持病（過敏性腸症候群）があり、ひとりっ子で生まれつき要領の悪い私にできるのだろうかと、気持ちが暗くなることもありました。

でもそんなときに私を救ってくれたのは、ある考え方でした。それは、自分に降りかかってくることの「意味」です。これまで何度もお話ししたように、私は、起こることには必ず意味があると考えています。

だとすれば、秋祭りの手伝いも、私が成長していくために必要なプロセスだと考えることにしたのです。そして今日（2019年9月21日）はその考えがさらに進んで、このたびのことが自治会から言われたのではなく、神さまから言われたような気がしてきたのです。

そしてさらにその後（2019年9月23日）は、地域で育てられている私にとって、地域は私の根っこではないかと思うようになりました。自分の根っこのことなのに、「自分にできるか」などと不安がってどうする?という気持ちになってきました。

仮にうまくいかなかったら、私に頼んだ自治会長の責任なのです。「人のせいにしない」と言い続けてきた私ですが、例外もあります。

新聞のスポーツ欄で読んだのですが、プロ野球のパ・リーグで大活躍している西武ライオンズの森捕手は、満塁のチャンスで前のバッターが凡退し、ツーアウト満塁で自分に打順が回ってきたとき、「もしこの回、点が入らなかったら、凡退した○○のせい」と考えたそうです。自分の心を軽くするために、「人のせいにする」のも時には有効だと思います。

このことに気がついたのも、自治会行事の役割を引き受けたからです。このように考えてくると、起こることの「意味」は、私にとっては宝物なのです。それによって心が穏やかさを取り戻したのですから。

そして、心が平穏な状態を取り戻せたのは、そういう自分の考え方が宇宙の根源とつながったからではないかと考えています。

いい気分とは、宇宙のコンセントにプラグがつながっている状態です。そして、自分の心が肯定的か否定的か、そのときどきの自分の感情は、自分が生命《いのち》の根源とつながっているかどうかを示すサインではないかと思っています。

根源につながると元気になる

この本の中で私は、妻や娘や孫たちについて、ある局面では悪く言ってきました。そのこと自体を否定するつもりはありませんし、いいことばっかり書かれた本など、誰が読む気になるだろうという気持ちもあります。

この本は、章の構成ができた段階で書き始めました。そのとき、章の内容として粗々《あらあら》したものはありましたが、具体的には出たとこ勝負で、各章の中身がどうなるかは、書いてみてのお楽しみ的な感じで書き進めています。

ですから、これから書くことも当初はまったく想定しておらず、これぞまさに書くことによる新たな発見と言えるものです。先ほど、前向きな本を書いていながら、否定的な気持ちになることがあると言いました。

その点で、日がたつごとに私の心に重くのしかかってきていたのが、娘夫婦の問題と家計のやりくりの問題です。このことは、考えても考えても解決策は見つかりませんでした。

でも今（２０１９年9月21日）の私は、それらのことも私の心が生命《いのち》の根源につながっておりさえすれば、いい方向に展開していくだろうと思えるようになりました。起こることには、すべて意味があるのだと考えられるようになりました。

すべては私に必要だから起こる。自分に不利になるようなことが起こるわけがない。自分が損になるような選択をするわけがない。なぜなら人間は、最高の計画で生かされているのだから。

そのように考えることができる決定的な根拠は、第1章で述べた〝生命《いのち》の不思議〟です。根源につながっていい気分になるのも、根源から切り離されて落ち込むのも、すべては自分の意識の向け方次第です。

生命《いのち》の不思議を心の底から信じるのなら、何も心配することはありません。何よりも大切な生命《いのち》がこんなに配慮されているのですから、ほかのことが配慮されていないわけがないのです。

このように考えて自分の心が穏やかになってくると、妻のことも娘のことも孫のことも、温かい目で見ることができるようになります。そうすると、例えば長女が父の日にプレゼントしてくれたコーヒーカップは、「器に安定感があって、これで飲むとコーヒーがおいしい」と思え、次女が弾くピアノの音色は「美しい」と感じることができるようになるのです。

妻も娘も孫も、すべて私の宝物です。だとすれば、娘たちが自分自身のイメージをつくるに当たって、「あなたは〇〇が上手だね」と、いい影響を与えるような言葉を発したいと思います。イメージには、波動を変える力があるのですから。

「ようがんばったなあ」も根源につながる

私の家は、団地内の広い道路に面しています。リビングから南側の外を眺めると、その道路の向こうにちょっとした斜面があります。山というほどの高さではないものの、丘という表現がピッタリの斜面です。

昔はここに松の木がたくさん生えていました。冬場は、太陽が南に傾くので家への日照がさえぎられるとともに、家の前の道路（坂道）に積もった雪が溶けず、車が通行に困っていました。

今から31年前、この斜面の所有者（この団地を造成した会社）の了解を得て、この斜面沿いに暮らしている住民が総出で、松を伐倒してスッキリした丘に変身させました。

ところが長い年月の間に当時は幼かったために切らずに残した松の背が伸びたのと、ほかの種類の木が大きくなったことで、斜面が雑木林のようになって復活してしまいました。

今から3年前の冬のある午後、外出先から車で帰ってきた妻が怒って言いました。「ここはどうなっとるん？　よそはコウコウと日が照っとるのに。まだこんな時間じゃのに、全然日が当たってないじゃない！」と。

その言葉に触発された私は、約30年ぶりにカマとノコで斜面をスッキリさせる決心をしました。その冬から3シーズンを経て、丘はずいぶんスッキリしました。幹の太い松を倒したい方向に倒すときには、インターネットで調べた伐倒の方法が役に立ちました。

雪が道路に積もっても、伐倒後は明らかに早く溶けるようになりました。リビングの椅子に腰かけて、掃き出し窓から丘を見上げるたびに、「ようがんばったなあ」と思います。

この「ようがんばったなあ」は、自分を癒すのにとても効果があります。人生のさまざまな場面を振り返ったときに、誰にもそのように言える体験があるのではないでしょうか。

自分がやってきたことを心からほめると、とてもいい気分になります。それは、自分の過去を認めると、生命《いのち》の根源とつながるからだと思います。自己肯定は、宇宙のコンセントにプラグを差し込むことになるのです。

2　人生は塗り絵

過去の価値は消えない

「過去の価値は消えない」。この言葉を数年前に知りました。テレビのある番組で、塾の教師として有名な男性が、かつてアメリカ大リーグで活躍した野茂英雄投手が語った言葉だと言っていました。

今、たくさんの日本人選手が大リーグで活躍しています。でも、彼らがどれだけ活躍しようと、ノーヒットノーランを含む野茂選手の輝かしい成績が、みじんも損なわれるわけではありません。

とはいえ世の中の風潮は、過去の幸せを思い出して懐かしむことに、何かしら、今が幸せでないようなマイナスのイメージがつきまといます。でも、私はそうは思いません。「過去の価値は消えない」は、人生全般に応用することができます。

もう戻ってこない幸せだったとしても、それは確実に自分の中に絶対に消えることのない価値として存在しているのです。私は自分の過去を、樹木の年輪のように「何年たっても自分の中にあるもの」としてとらえています。

過去から未来への時間の流れを直線でイメージすると、「今」は常に過去になり、もう終わったこととして価値がないような錯覚を起こしてしまいます。でもそんなことはありません。「過去」はしっかり自分の中に根っことして存在しているのです。その価値は決して消えることはありません。

ところがこのように書くと、幸せなことはそれでいいが、不幸な過去など忘れてしまいたいのに、それが永久に自分の中に刻まれていると考えるのは不愉快だという意見もあると思います。

これに対しては、私は次のように考えます。確かに、自分が不幸と考える過去の事実そのものは変えられません。でも、その事実に対する見方は変えられます。見方が変わると、自分にとっての過去の意味が変わってきます。

私たちは、オセロの黒が白に反転するように、同じ事実から正反対の結論を導き出すことができます。それは視点が変わることによって、事実そのものの意味が変わってくるからです。

その場合のキーワードは、これまで述べてきたように「起こったことの意味」「自分の成長に必要」「神のシナリオ」などです。

この世に客観的な現実などありません。起こった事実をどう見るかという見る人の主観によって、現実がどういう色に染められるかが決まります。人生という塗り絵をバラ色に塗るのも、灰色に塗るのも、自分次第なのです。

あの戦争をどうとらえるか

今（２０１９年）から74年前に終わった戦争（以下「あの戦争」と呼びます）では、およそ３１０万人の日本人が亡くなりました。この数字は、私が住む広島県の人口よりも多い数字です。あの戦争で私たちの先人たちは、筆舌に尽くしがたい犠牲を払いました。

先人たちはなぜ戦争に突入し、そして、あの戦争でどういうことがあったのか。〝元気の素〟をテーマに書いてきたこの本の中で、どうしてもこのことを避けるわけにはいかないと判断し、私の考えを述べます。

明治以降の歴史を振り返ると、日清戦争や日露戦争での勝利は、治外法権の撤廃や関税自主権の獲得など、不平等条約の改正と無関係ではありません。大国を相手にした戦争での勝利が、国力の証《あかし》と見られたからです。

不平等条約の改正は、明治政府の悲願でした。もちろん、当時の先進国が日本の国力を認めてくれた背景には、戦争での勝利以外に、憲法の制定や帝国議会の設置など、ソフト面においても、わが国が力をつけていったことが挙げられます。

あの戦争までの流れを総括すると、欧米列強がアジアを植民地にしていく一方で、世界恐慌が発生しました。これに対して列強は、自国の市場から外国の商品を閉め出す政策を取り始めました。

その後さらに、日本は列強など（アメリカ、イギリス、中国、オランダ。いわゆるABCD包囲網）から石油の供給を止められるなど、経済封鎖を受けるに至りました。また、アメリカとの戦争を避けるために日本が出した複数の提案も、拒否されました。

それらを考慮すると、あの戦争は民意にも後押しされ、避けられない戦争だったと思います。政党内閣が崩壊したのも民意を反映しての結果です。

細かいところでは、こんな文章で「あなたと戦争します」と読めるのかと思えるような宣戦布告文のあいまいさや、満州からの撤退などを要求されたハル・ノート（アメリカから突きつけられたハル国務長官の通告文書。起草したのはソ連のスパイだったホワイトという人物）に対してなぜ、「ハル・ノートこそ実質的な宣戦布告だ」とやり返さなかったのかなど、残念な点はあります。

加えて、戦争に入ってからの日本軍の失敗の数々と、その失敗に対する反応の愚かさに関しては、戦後、さまざまな本が出版されています。私もそれらの一部を読みました。しかしそれでもなお、自分の国を守るために、あの戦争は避けられなかったと感じています。

そして、戦争に向けて軍と国民を鼓舞したマスコミの存在も忘れてはなりません。例えば、日本がアメリカと戦争を始めた1941年12月8日発行の朝日新聞夕刊（9日付）の社説には、次のような趣旨の内容が書かれています。

◇　◇　◇　◇

①　日本が最後まで条理を尽くして反省を求めたにもかかわらず、アメリカは常に誤った原則論を堅守して、日本の公正な主張に耳をそむけ、現実に適用できないような諸条項を強要するだけでなく、イギリスやオランダなどと一緒になって対日包囲の軍備を強化し、ついに、日本の平和達成への願望は水泡に帰した。

②　日本の不動の国策である支那事変の完遂と東亜共栄圏の確立は、アメリカを主軸とする一連の反日敵性勢力を東アジアの全域から駆逐しなければ、到底、達成することができない最後の段階に到達した。

③　東條首相が言うように、もし日本が彼らの要求に屈従するならば、日本の権威を失墜し、支那事変を完全にやり遂げることができないだけでなく、ついには、日本の存立をも危うくなるような重大な事態に到達した。

④　ここに到って、日本の自存を全うするため、決然として起《た》たざるを得ず、1億が一丸となり、総力を挙げて、勝利のための戦いを戦い抜かねばならない。

⑤　敵は豊富な物資を背景に、世界制覇を考えている。したがって、これを撃破して日本の自存を確立し、東アジアに新秩序を建設するためには、戦争がいかに長期にわたろうとも、国民はあらゆる困苦に耐えて、この「天の試練」を突破し、揺らぐことのない東アジア恒久の礎石を打ち樹《た》てなければならない。

⑥　宣戦とともに、刻々として勝ったという知らせを聞く。誠に会心の極みである。天皇の意向のもと、忠義を尽くして国に報いる鉄の信念をもって戦うとき、天の助けは常に日本を守る。今や1億国民が、すべてを国の困難に捧げるべき日が来た。

◇　◇　◇　◇

1951年9月8日、戦争に敗れた日本を含む49か国がサンフランシスコで講和条約に調印し、敗戦後、連合国に占領されていた日本は、独立国家に復帰しました。講和条約の発効は、翌1952年4月28日です。1952年1月1日生まれの私の人生は、そのまま日本が占領から解放されて独立していった年月と重なります。

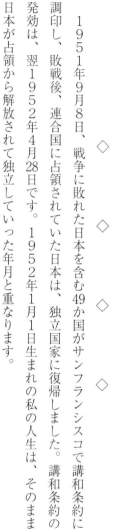

アメリカの旗艦空母に突入した若者

今、私の手元に『特攻』という本があります。この本を書いたのは、あのケネディ大統領の甥に当たる人です。

英語の原題は"DANGER'S HOUR"で、「危険な時間」とでも訳すのでしょうか。話の筋そのものは、1945年5月11日、沖縄戦において空母バンカーヒルが、ゼロ戦に乗った2人の特攻パイロットの攻撃によって大損害を被り、その後終戦まで戦場に戻ることはできなかったという実話です。

全部で669ページもあります。この本の副題は、「空母バンカーヒルと二人のカミカゼ」「米軍兵士が見た沖縄特攻戦の真実」。以下、同書を読んだ感想を記します。

敵の戦闘機による迎撃や、標的の空母からの猛烈な対空砲火にもかかわらず、標的に突入できたこと自体、奇跡です。20代そこそこの若者が操縦するゼロ戦2機の攻撃により、バンカーヒルは乗員3400名のうち、400名近くが死亡、250名以上が負傷しました。バンカーヒルはそのとき、空母4隻の中の旗艦でした。

◇　◇　◇　◇

空母に突入した若者のうちの一人、小川清海軍大尉の遺書には、次のような文章があります。
・自分ほど幸福な生活を過ごした者はほかにないと信じ、このご恩を君と父に返す覚悟です。
・坦々たる気持ちで私は出撃して征きます。

・人は一度は死するもの。悠久の大義に生きる光栄の日は、今を残してありません。
・父母様も、この私のために喜んでください。
・清は靖国神社にいるとともに、いつもいつも父母上様の周囲で幸福を祈りつつ暮らしております。
・清は微笑んで征きます。出撃の日も、そして永遠に。

◇　◇　◇　◇

小川大尉は当時、22歳。その直前に突入したゼロ戦のパイロットは21歳です。彼らは、鹿児島県の鹿屋基地から出撃しました。米軍の爆撃により、基地での寝泊まりができなくなり、最寄りの小学校の老朽化した校舎で生活していました。

しかし、その小学校で眠ることも危険となり、最後はジメジメした斜面の横穴に毛布とマットを運び込み、上空から見えぬように隠された航空機の翼の下で眠ることとなりました。

もはや勝てる見込みのない戦況の中で、なぜ彼らは特攻に参加していったのか。その心の中は一人一人違うでしょうし、本心はどうだったのか、それを正確にうかがい知ることはできません。

でも、推測はできます。彼らの死をどう受け止めるのか。その解釈も一人一人違うことと思います。あの若者たちの心の中を推し量ろうとすると、私は言葉に表せない崇高なものを感じます。

残された者の幸せを願い続けた先人たち

１９４５年2月19日、アメリカ軍海兵隊が硫黄島に上陸を開始しました。私は今（２０１９年）から12年前に、『散るぞ悲しき～硫黄島総指揮官・栗林忠道～』という本を読みました。

この本の読書ノートを書いたのは55歳のときです。そのときの私は、坐骨神経痛を発症し、椅子に座ると左の腿に激痛が走ったため、テーブルのそばに立って書きました。硫黄島で戦った兵士たちの苦しみに比べれば……という思いがありました。

同書によれば、戦死者は日本側約２万名。アメリカ側約７０００名です。米軍が５日で落とせると考えていた硫黄島は、36日間持ちこたえました。このことを知ってからは、「〇〇年前の今日、米軍が上陸したんだな」などと、３月市議会が始まるときはいつも、硫黄島の戦いを思い出すようになりました。

６月、９月、12月、３月と年に４回開催される定例市議会のうち、３月は次年度予算の審議を伴うので会期が最も長く、議会で答弁を求められていた私にとっては、一番ストレスを感じる議会でした。

でも、この本を読んで硫黄島の激闘を知ってからは、兵士たちが置かれた当時の状況と自分の状況を比べるようになりました。そうすると、自分の悩みがいかにちっぽけなものであるかと思い至り、幸せとしか言いようがないのです（以下「事実関係」は同書から引用します）。

硫黄島には湧き水がなく、雨水を溜めて使うしかありません。そのため、水の使い方は厳しく制限されました。そんな環境でただ生活するだけでも大変なのに、彼らは米軍と対峙したのです。米軍の砲爆撃は、１９４４年12月８日から上陸する２月19日まで74日間連続で行われました。

一方、日本軍の地下での陣地づくりは、最高で60度になる地熱と硫黄ガスとの闘いでした。ツルハシやスコップを使った手掘りでは１日に１メートルが限界で、飲み水は１日に水筒１本です。

しかも、兵士たちの仕事はそれだけではありません。飛行機の整備や滑走路の整地もあります。にもかかわらず、兵士たちは空襲と艦砲射撃の合間を縫ってそれらの任務を遂行し、砲爆撃開始前に450だった主要陣地を74日で750に増やしたのです。生きて帰れる見込みのない地獄の戦場であったにもかかわらず、彼らはなぜ戦い続けたのか。この本には、その答えが書かれています。

栗林中将が硫黄島から妻に宛てた手紙には、「今はもう自分自身のことについては欲も得もなく、如何になろうとよいという覚悟はできたが、敗戦になって米軍が関東平野に上陸でもするという場合、お前たち母子は一体どうなる?と考えると、さすがに心痛に堪えない」(1944年10月19日)と記されていたそうです。

東京が大空襲を受けた3月10日夜、栗林中将は地下壕の中で紙幣を燃やしました。生き残った将兵たちが本土防衛に役立ててもらおうと、所持金を出し合ったのです。大蔵省に献金を依頼する電報には、「将兵の情に涙止まらず。本夜、本壕内において焼却処分にすべく、何とぞ献金の手配よろしく」と打たれていたそうです。

自分たちは地獄に身を置きながら、残された者の幸せを願い続けた先人たち。その強く美しい心は、私にとって、いや、日本人全員にとって宝物ではないでしょうか。

人間魚雷「回天」に乗った若者の心を思う

２００７年4月、私は山口県徳山市（今は合併して周南市）の沖合の島、大津島にある回天記念館を妻と訪れました。そして、そのときのことを書いた文章が、地元紙の投書欄に掲載されました。12年前のことですが、今読み返してみても思いは変わっていないので、ここに転載します。

◇　◇　◇　◇

今から60年余り前、あの人たちはどういう気持ちで、自分の命と引き換えに何を守ろうとしたのか。それが知りたくて、周南市の大津島にある回天記念館に行った。この島は、私が生まれた場所でもある。

館に入ると、特攻生還者の発言がビデオで流されていた。ある人は、生きる意味を3日間考えた。その結果、自分たちこそが、特攻によって国を守ることができる立場にいることに気がついたと言う。それがわかってからは、ご飯がおいしくなったそうだ。

また、ある人は、まず家族を守りたかった。それから郷土を守りたい。ひいては国を守りたかったと言った。それを聞いて私は、それが本当だと思った。

今、国を愛することが議論を呼んでいる。国民である以上、国を愛するのは当たり前のことだ。だが、そのためには、まず自分の価値を認めることができて、それから家族、郷土、国と価値を認める対象が広がっていくのが本当の姿だと思う。

今日のように日本が繁栄できたのは、国の行く末を案じ、決然として散っていった人々の深い思いによって、日本が守られているからではないか。そんな気がしてならない。

（中国新聞２００７年４月26日）

◇　◇　◇　◇

相手の良い所を引き出す方法

最近読んだ本の中に、家族に対する私の心の持ち方について、ヒントが書かれていました。その本は、『理想のパートナーと引き寄せの法則』という本で、第3章でご紹介した『神との対話』と同じように、見えない世界からのメッセージを書き留めたものです。

その中に、次のような趣旨の文章があります。

◇　◇　◇　◇

・周りの人の好ましい性質に関心を集中すれば、あなたが出す波動は、その人たちの最善の部分とだけ一致する。

・するとあなたは、その人たちの最悪の部分を経験しなくなる。
・周りの人の最悪の部分に関心を集中すれば、あなたが出す波動は、その人たちの最悪の部分とだけ一致する。
・するとあなたは、その人たちの最善の部分を経験できなくなる。

◇　◇　◇　◇

相手から出ている波動と自分が出している波動が一致すると、その一致したものが、例えば人の性質であれば、その一致した性質を引き寄せます。それが宇宙の法則です。だから昔から、「同類親和の法則」とか、「タイはタイ連れ、イワシはイワシ連れ」ということが言われてきたのだと思います。

私はその文章を読んだときに、さらにもう一歩進んで、波動が一致するということは、単に同じ波動の性質を引き寄せるだけでなく、相手の性質が出している波動に自分の波動をぶつけることによって、相手の波動が活発になるのではないかと考えました。つまり、相手の良い所を見ることによって、相手の良い所を引き出すことができるのではないかと考えたのです。

これまで書いてきたように、私は娘たち夫婦のことを気にかけています。でも、娘たちにいくら相手の良い所を見るように言っても、子どもは親の言うとおりにはしません。たとえ親子であっても、人をコントロールすることはできないからです。

そこで私は、この気づきを娘たちに実践しようと思いました。私が本心から娘たちの良い所を見ることによって、娘たちの良い部分が活性化すれば、娘たちが夫を見る目も変わってくるのではないか。夫の良い所が見えてくるのではないか。自分の良い部分の波動が活発になっていなければ、相手の良い部分の波動にも気がつかないのではないか。私はそのように考えたのです。

こういう私の見方は、「自分に優しくしないと相手に優しくできない」「自分に厳しくして人に優しくはできない」という考え方にも通じます。

今日は２０１９年10月７日です。ここに来て娘たち夫婦の問題に対し、現段階で一つの結論に達しました。そして今の私の考えは今後、さらに進化・発展していくことと思います。

生命《いのち》こそ最高の宝物

今こうしてパソコンに原稿を打ち込んでいる間も、私は無意識に呼吸ができています。それは、私の生命《いのち》が宇宙の根源とつながっているからです。もちろん、呼吸ができなくなってこの世の死を迎えても、私の生命《いのち》は永遠に不滅です。なぜなら、この世での生死とは無関係に、私の生命《いのち》がその源である神とつながっているからです。

私の中にある最高の宝物は生命《いのち》です。この生命《いのち》は永遠に成長・発展を続け、なくなることはもちろん、傷つくこともありません。

このことを湖を例にして、いかに嵐が吹き荒れて湖水の表面が荒れ狂っていても、湖の底は静けさを保ち、ビクともしていないと説明する人もいます。あるいは、「真我」と「偽我」の比較で説明する人もいます。

私たちの中にある不滅の生命《いのち》については、これまで「魂」「真我」「本当の自分」「神」「見えない世界の自分」など、さまざまな呼び方がされてきました。表現は違っても、その本質は同じです。

成長・発展を信じる

私たち人間は全員、必ず成長・発展していきます。だとすれば、過去・現在・未来について自分を煩わすものから訣別したらいいのではないか。やっとそう思えるようになりました。

過去を後悔し、現在に煩わされ、未来を心配する。もうそんな生き方とはお別れです。この人生に限らず、自分は必ず良くなっていくのだから、現象面の枝葉に注意を向けるのではなく、自分を生かしてくれている宇宙の根源との結びつきをいつも意識しよう。そう思います。

そして同時に、私たちの生命《いのち》は決して壊れることがないことも忘れないようにしようと思います。なぜなら、私たちの中には、いつも、そして永遠に神が宿っているのですから。これ以上にうれしいことがほかにあるでしょうか。

自分の生命《いのち》が神とつながっていることを意識すれば、そのつながりがより強固になります。神と自分をつなぐパイプが太くなります。そうなると、自分の人生が確実に良い方向に進んでいくことが信じられるようになります。

私が「最高の宝物は生命《いのち》です」と言えるのは、生命《いのち》とは神のことであるということが、68歳を目前にした今、ようやくわかってきたからなのです。

私たちには神と直結した生命《いのち》があり、無限に進化・発展し続けるという見方をすると、この世を見る目が変わってきます。困難な状況にあっても悲観せず、希望を持って生きていくことができます。

それどころか、人間は困難に直面しないと、成長できません。私たちは病気のつらさを味わうことがあるからこそ、健康に感謝することができます。そして、心身両面から健康をめざそうとします。

人の心も社会も、一直線に成長していくのではなく、必ず下降するときがあります。マイナスがなければプラスの意味がわからず、発展していくことができないからです。それがこの世の真理だと思います。

読書ノートから④

①　いったん、あの人はひどい人だと信じてしまうと、すべてがゆがんで見え、その思い込みを裏づけるような物事しか見えてこない。

②　人は思ったものを見る。思いは磁石。あの人は汚いと思えば、そういう事実だけが吸い寄せられる。「自分の主観＝思い」に合致する事実だけを集めるのは、何も歴史家に限ったことではない。

③　内観は、自分と他人を苦しめている「とらわれ＝思い込み」から心を開放する。内観で一番大事なのは、してもらったことに気づくこと。自分はただ不遇だったということが、事実ではなかったと気づかなければならない。

④　星野富弘氏は闘病生活ののち、４年目に初めて車椅子に乗って外へ出たとき、外に出られたことがあまりにもうれしく、幸せは、どんな悲惨な状態の中にもあると気づいた。

⑤ 星野氏は、自分の首から下が動かないということを認めて初めて、まだ口が動くことに気がついた。

⑥ 星野氏は、自分が幸せになったから、人の心を打つような素晴らしい言葉が出てくるようになった。

⑦ 自分が得ていないものではなく、すでに得ているものにどれだけ気づくかが大事。「これしかない」のではなく、「こんなにある」「あり余るほどある」。そして、この喜びは、接する人に伝わっていく。

⑧ 自分が満たされていれば、自分の幸せが相手に左右されなくなる。相手が与えてくれるかどうかは関係ない。

⑨ ある眼科医のアンケートで、大人になってから視力を失った人の90パーセント以上が、目が見えなくなった今の方が、見えていた以前よりも幸せと答えている。

⑩ 目が見えることと幸せということは、まったく別問題。目が見えなくなって、

ものが見えるようになった。つまり、心の目が開いて、自分がすでに得ている
ものがわかって、感謝や喜びが増したのである。
（『一週間で自己変革、「内観法」の驚異』）

おわりに

私はこれまで、新聞への投稿や市役所時代に担当した新入職員への研修などで、自分の考え方を発表してきました。でも今回のように、「どうすれば元気が出るのか」というテーマに絞って、これだけ長い文章を書いたのは初めてです。

そして今、書いて良かったと思っています。これまでに自分が大切だと思ってきた考え方を1冊の本にまとめようとしたからこそ、私の中でさまざまな思考が化学反応を起こして、新たな気づきにつながっていったのだと思います。

私は妻に「自分が書いたものに癒される」とよく言います。見方によっては、それは自慢であり、自画自賛となるでしょう。もっと言えば、それを傲慢というのかもしれません。

でも第3章でも述べたように、若いころの私が書いたものは癒されるどころか、嫌気がさして捨てたのです。それなのに今、自分が書いたものに癒されるのは、その文章を書くときの私の意識が、生命《いのち》の根源、つまり、神につながっているからだと思います。

もともと神と人間は一体なのにそう思えないのは、人間が未熟だからです。でも、この本を書くことによって、私はこれまでよりは少し、自分の意識を神に近づけることができたのではないかと思っています。

神とは生命《いのち》のことであることを忘れなければ、「とらえ方」も「自己肯定」も「すでに持っている宝物への気づき」も、すべてうまくいきます。宇宙（神）とつながるからこそ、いい反応ができるのです。

実は、「何よりも、まずは自分と神とのつながりを意識するほうが先だ」という発想は、この本を書いていて初めて到達した気づきです。宇宙が絶えず拡大しているように、私たち人間の気づきも常に向上していきます。

この本は、かつて読書ノートを廃棄処分から守り、エピソードへの登場も承諾してくれた妻の存在がなければ、完成できませんでした。さらに彼女からは、原稿を読んでもらって的確な指摘を受け、気持ち良く加筆修正しました。
今、間違いなく言い切れます。我が人生で、今が最高であると。

２０１９年　12月　自宅にて

謝辞

読書による偉大な人物との出会いはもとより、日常においてさまざまな人物との出会いがなければ、この本の原稿を完成させることはできませんでした。

さらに、幻冬舎ルネッサンス新社の方々との出会いがなければ、この本を出版することはできませんでした。

たくさんの人々や出来事のおかげで本書ができたことに対し、厚い感謝とともに、深い喜びを感じております。

私を生かしていただいている神さま、私を助けてくださっているみなさま、そして、私を成長させる役割を演じてくださっているみなさま、本当にありがとうございました。

この本で紹介した参考図書

①『運命を拓く～天風瞑想録～』中村天風、講談社、1994年
②『かみさまは小学5年生』すみれ、サンマーク出版、2018年
③『置かれた場所で咲きなさい』渡辺和子、幻冬舎、2012年
④『君たち、どうする?』小野田寛郎、新潮社、2004年
⑤『吉田松陰　留魂録（全訳注）』古川薫、講談社、2002年
⑥『人生の扉をひらく「万能の鍵」』
ラルフ・ウォルドー・トライン、吉田利子訳、サンマーク出版、2005年
⑦『フランクルに学ぶ～生きる意味を発見する30章～』斉藤啓一、日本教文社、2000年
⑧『月刊MOKU』2016年1月号、MOKU出版、2015年
⑨『この子を残して』永井隆、中央出版社、1991年
⑩『心の嵐を青空に』美輪明宏、家の光協会、2016年
⑪『男性を理解するために』平野耕一、プリズム社、1996年

⑫『自己分析～心身医学からみた人間形成～』池見酉次郎、講談社、1968年
⑬Shortcut Through Therapy～Ten Principles of Growth-Oriented, Contented Living～, Richard Carlson, Plume, 1995.
⑭『日中再考』古森義久、扶桑社、2001年
⑮『神との対話～宇宙をみつける　自分をみつける～』
ニール・ドナルド・ウォルシュ、吉田利子訳、サンマーク出版、1997年
⑯『自分を不幸にしない13の習慣』小川忠洋、アスコム、2008年
⑰『特攻～空母バンカーヒルと二人のカミカゼ　米軍兵士が見た沖縄特攻戦の真実～』
マクスウェル・テイラー・ケネディ、中村有以訳、ハート出版、2010年
⑱『散るぞ悲しき～硫黄島総指揮官・栗林忠道～』梯久美子、新潮社、2005年
⑲『理想のパートナーと引き寄せの法則～幸せな人間関係とセクシュアリティをもたらす「ヴォルテックス」～』
エスター・ヒックス／ジェリー・ヒックス、吉田利子訳、SBクリエイティブ、2010年
⑳『一週間で自己変革、「内観法」の驚異』石井光、講談社、1999年

〈著者紹介〉
原 真市（はら しんいち）
自称：内面生活愛好家。1952年1月1日、山口県徳山市（現在は周南市）に生まれる。広島大学を卒業後、呉市役所に38年間勤務して定年退職。その後5年間、社会福祉法人 三篠会に勤務。

本当《ほんとう》はこんなに幸《しあわ》せだった

2021年5月28日　第1刷発行

著　者　　原 真市
発行人　　久保田貴幸
発行元　　株式会社 幻冬舎メディアコンサルティング
〒151-0051　東京都渋谷区千駄ヶ谷4-9-7
電話　03-5411-6440（編集）
発売元　　株式会社 幻冬舎
〒151-0051　東京都渋谷区千駄ヶ谷4-9-7
電話　03-5411-6222（営業）
印刷・製本　中央精版印刷株式会社
装　丁　　江草英貴
検印廃止

ISBN 978-4-344-93479-5 C0095
幻冬舎メディアコンサルティング HP
http://www.gentosha-mc.com/